L'âme de Napoléon

Léon Bloy

– 1912 –

Copyright © 2022 Leon Bloy (domaine public)

Édition : BoD – Books on Demand, info@bod.fr.

Impression : BoD – Books on Demand, In de Tarpen 42,

Norderstedt (Allemagne)

Impression à la demande

ISBN : 978-2-3224-1969-2

Dépôt légal : Juillet 2022

Mise en page et maquettage : https://reedsy.com/

À ANDRÉ MARTINEAU

Mon cher André, ce n'est pas moi qui te donne ce livre, le plus important, peut-être, de tous ceux que j'ai pu écrire jusqu'à ce jour.

C'est mon fils André qui te le donne, mon douloureux fils André que Dieu m'a repris dans son innocence baptismale et qui a dix-huit ans, aujourd'hui, dans le Paradis.

Il en eût été le dédicataire et il convient que tu prennes sa place, en cette manière. Je veux croire que telle est sa volonté.

Il eût aimé Napoléon comme tu l'aimes, et votre commun Patron, le grand Apôtre de la Croix, te fera comprendre, si tu l'interroges avec amour, ce qu'il y avait de désirable et de magnifique dans la souffrance du plus glorieux de tous les mortels.

Nous sommes au soir du monde, mon cher enfant ; tu seras témoin, peut-être, des divines et terribles choses que le vainqueur des rois semble avoir si grandiosement préfigurées.

Puisse l'Ame de Napoléon agrandir ton cœur et te servir de réconfort pour les épreuves inconnues.

LÉON BLOY.

5 mai 1912.

INTRODUCTION

I

L'histoire de Napoléon est certainement la plus ignorée de toutes les histoires. Les livres qui prétendent la raconter sont innombrables et les documents de toute nature vont à l'infini. En réalité, Napoléon nous est peut-être moins connu qu'Alexandre ou Sennachérib. Plus on l !étudie,plus on découvre qu'il est l'homme à qui nul ne ressembla et c'est tout. Voici le gouffre. On sait des dates, on sait des faits, victoires ou désastres, on sait, à peu près ou à beaucoup près, des négociations fameuses qui ne sont, aujourd'hui, que de la poussière. Son nom seul demeure, son prodigieux NOM, et quand il est prononcé par le plus pauvre de tous les enfants, c'est à rougir pour n'importe qui d'être un grand homme. Napoléon, c'est la Face de Dieu dans les ténèbres.

Il est notoire que les prophéties ou préfigurations bibliques ne peuvent être comprises qu'après leur entier accomplissement, c'est-à-dire lorsque tout ce qui est caché aura été révélé, ainsi que Jésus l'annonce dans son Evangile, et cela porte nécessairement la pensée au delà des temps. Napoléon est inexplicable et, sans doute, le plus inexplicable des hommes, parce qu'il est, avant tout et surtout, le Préfigurant de CELUI qui doit venir et qui n'est peut-être plus bien loin, un préfigurant et un précurseur tout près de nous, signifié lui-même par tous les hommes extraordinaires qui l'ont précédé dans tous les temps.

Si on veut accepter ce postulat et y pénétrer un peu, voici que l'Histoire prend un aspect tout à fait nouveau et que l'Océan Napoléonien, si terriblement houleux jusqu'ici, devient tout à coup très calme, sous un ciel d'une sérénité miraculeuse.

Qui de nous, Français ou même étrangers de la fin du XIXè siècle, n'a pas senti l'énorme tristesse du dénouement de l'Épopée incomparable ? Avec un atome d'âme c'était accablant de penser à la chute vraiment trop soudaine du Grand Empire et de son Chef ; de se rappeler qu'on avait été, hier encore, semble-t-il, à la plus haute cime des Alpes de l'Humanité ; que, par le seul fait d'un Prodigieux, d'un Bien-Aimé, d'un Redoutable comme il ne s'en était jamais vu, on pouvait se croire, aussi bien que le premier Couple dans son Paradis, maîtres absolus de ce que Dieu a mis sous le ciel et que, si tôt après, il avait fallu retomber dans la vieille fange des Bourbons !

Il est vrai que cette chute avait presque déraciné la terre. Les convulsions de 1813, malgré la douleur et l'amertume excessives, furent d'un tel grandiose que l'imagination et l'orgueil même en peuvent être consolés ; mais la fin est trop horrible, trop soudaine surtout, encore une fois, et la résignation la plus angélique est tentée de se dérober à la doxologie de ce Psaume colossal de la pénitence.

II

On a beau savoir qu'il y eut des fautes immenses, ces fautes sont précisément ce qui fait que la tristesse est insupportable.

Quel est celui qui, lisant l'histoire de- l'Empire, n'a pas essayé, se supposant contemporain, de se persuader, par exemple, que Napoléon aurait moins de confiance en la loyauté russe, moins de caresses pour Alexandre à Tilsitt ; qu'il démolirait la Prusse de fond en comble et rétablirait la Pologne ; qu'il trouverait mieux que le dangereux escamotage de Bayonne ; qu'il ne ferait pas des rois de ses misérables frères ; ne disperserait pas ses forces de Cadix à Moscou, gaspillant, détruisant ainsi les plus belles armées du monde ? A qui n'est-il pas arrivé enfin d'espérer, quand même, la survenue de Grouchy à Waterloo, de ce médiocre et funeste Grouchy si aveuglément choisi par l'Empereur pour le mouvement stratégique le plus décisif ? Et ce n'est pas tout.

Comment ne pas pleurer au récit de la seconde Abdication ? Le plus grand des vainqueurs abdiquant deux fois I Napoléon jeté en bas de son trône par un Fouché, par un Lafayette, puis allant livrer son corps et son âme à l'Angleterre !.

J'ai cessé de souffrir de ces choses le jour où j'ai pu comprendre, ou du moins entrevoir, la destinée toute symbolique de cet Être extraordinaire.

En réalité tout homme est symbolique et c'est dans la mesure de son symbole qu'il est un vivant. Il est vrai que cette mesure est inconnue, aussi inconnue et inconnaissable que le tissu des combinaisons infinies de la Solidarité universelle.

Celui qui saurait exactement, par un prodige d'infusion, ce que pèse un individu quelconque, celui-là aurait sous les yeux, comme un planisphère, tout l'Ordre divin.

Ce que l'église nomme la Communion des saints est un article de foi et ne peut pas être autre chose. Il faut y croire comme on croit à l'économie des insectes, aux effluves de germinal, à la voie lactée, en sachant très bien qu'on ne peut pas comprendre. Quand on s'y refuse on est un sot ou un pervers. Par l'Oraison Dominicale il est enseigné qu'il faut demander notre pain et non pas mon pain. Cela pour toute la terre et pour tous les siècles. Identité du pain de Césaret du pain de l'esclave.

Identité mondiale de l'impétration. Équilibre mystérieux de la puissance et de la faiblesse dans la Balance où tout est pesé.

Il n'y a pas un être humain capable de dire ce qu'il est, avec certitude. Nul ne sait ce qu'il est venu faire en ce monde, à quoi correspondent ses actes, ses sentiments, ses pensées ; qui sont ses plus proches parmi tous les hommes, ni quel est son nom véritable, son impérissable Nom dans le registre de la Lumière. Empereur ou débardeur nul ne sait son fardeau ni sa couronne.

L'Histoire est comme un immense Texte liturgique où les iotas et les points valent autant que des versets ou des chapitres entiers, mais l'importance des uns et des autres est indéterminable et profondément cachée. Si donc je pense que Napoléon pourrait bien être un iota rutilant de gloire, je suis forcé de me dire, en même temps, que la bataille de Friedland, par exemple, a bien pu être gagnée par une petite fille de trois ans ou un centenaire vagabond demandant à Dieu que sa Volonté fût accomplie sur la terre aussi bien qu'au ciel. Alors ce qu'on nomme le Génie serait simplement cette Volonté divine incarnée, si j'ose le dire, devenue visible et tangible dans un instrument humain porté à son plus haut degré de force et de précision, mais incapable, comme un compas, de dépasser son extrême circonférence.

Il reste ceci, pour Napoléon et pour la multitude infinie de ses inférieurs, qu'on est tous ensemble, des figures de l'Invisible et qu'on ne peut remuer un doigt ni massacrer deux millions d'hommes sans signifier quelque chose qui ne sera manifesté que dans la Vision béatifique. De toute éternité Dieu sait qu'à une certaine minute connue de Lui seul, tel ou tel homme accomplira librement un acte nécessaire. Incompréhensible accord du Libre Arbitre et de la Prescience. Les intelligences les plus lumineuses n'ont jamais pu aller au delà de cette limite. Dans un tel état l'Homme intégral, ne devant être, selon la Parole créatrice, qu'une ressemblance ou une image, renouvelable par un milliard d'âmes à chaque génération, est donc forcé de l'être toujours, quoi qu'il fasse, et de préparer ainsi, peu à peu, dans le crépuscule de l'Histoire, un avènement inimaginable.

Il y a, sans doute, les bons et les méchants, et la Croix du Rédempteur est toujours là ; mais les uns et les autres font strictement ce qui est prévu et ne peuvent pas faire autre chose, ne naissant et ne subsistant que pour surcharger le Texte mystérieux, en multipliant à l'infini les figures et les caractères symboliques. Napoléon est le plus visible de ces caractères indéchiffrables, la plus haute de ces figures, et c'est pour cela qu'il a tant étonné le monde.

III

Il est vrai que le monde n'est pas difficile à étonner. Il est si médiocre et si bas, cet apanage de Satan, qu'un semblant de force ou de grandeur suffit ordinairement.

On l'a beaucoup vu de nos jours où des politiciens et des écrivains, capables tout au plus de piquer des bœufs ou des assiettes, ont pu se faire admirer par des multitudes.

Napoléon doué de force et de grandeur plus qu'aucun homme ne l'avait jamais été, dut lui-même s'étonner beaucoup plus que tous ceux qu'il éblouissait. Aborigène d'une région spirituelle inconnue, étranger de naissance et de carrière en quelque pays que ce fût, il s'étonna réellement toute sa vie, comme Gulliver à Lilliput, de l'excessive infériorité des contemporains, et ses dernières paroles recueillies à Sainte-Hélène prouvent que cet étonnement, devenu un parfait mépris, fut emporté par lui dans la tombe et devant le tribunal de son Juge. 1 Qu'était-il donc venu faire en cette France du XVIe siècle qui ne le prévoyait certes pas et l'attendait moins encore ?

Rien d'autre que ceci : Un Geste de Dieu par les Francs, pour que les hommes de toute la terre n'oubliassent pas qu'il y a vraiment un Dieu et qu'il doit venir comme un larron, à l'heure qu'on ne sait pas, en compagnie d'un Étonnement définitif qui procurera rexinanition de l'univers. Il convenait sans doute que ce geste fût accompli par un homme qui croyait à peine en Dieu et ne connaissait pas ses Commandements. N'ayant pas l'investiture d'un Patriarche ni d'un Prophète, il importait qu'il fût inconscient de sa Mission, autant qu'une tempête ou un tremblement dc tcrrc, au point dc pouvoir être assimilé par ses ennemis à un Antéchrist ou à un démon. Il fallait surtout et avant tout que, par lui, fût consommée la Révolution française, l'irréparable ruine de l'Ancien monde. Évidemment Dieu n'en voulait plus de cet ancien monde. Il voulait des choses nouvelles et il fallait un Napoléon pour les instaurer. Exode qui coûta la vie 1 à des millions d'hommes.

J'ai beaucoup étudié cette histoire. Je l'ai étudiée en priant, en pleurant de joie ou de peine, bien souvent, me demandant, combien de fois ! si ce n'était pas insensé de la lire dans des vues humaines, comme on peut lire l'histoire de Cromwell ou de Frédéric le Grand, les seuls-chefs, je pense, qui puissent être supposés, depuis Annibal ou depuis César, dans un voisinage quelconque de Napoléon, et j'ai fini par sentir que j'étais en présence d'un des mystères les plus redoutables de l'Histoire.

IV

Un jeune homme vient qui ne se connaît pas lui-même et qui doit se croire infiniment éloigné d'une mission surnaturelle, si toutefois l'idée d'une telle mission peut tomber dans son esprit. Il a le sens de la guerre et ambitionne une situation militaire. Après beaucoup de misères et d'humiliations, on lui donne une pauvre armée et, tout de suite, se révèle en lui le plus audacieux, le plus infaillible des capitaines. Le miracle commence et ne finit plus.

L'Europe qui n'avait jamais rien vu de pareil se met à trembler. Ce soldat devient le Maître. Il devient l'Empereur des Français, puis l'Empereur d'Occident l'EMPEREUR, simplement et absolument pour toute la durée des siècles. Il est obéi par six cent mille guerriers qu'on ne peut pas vaincre et qui l'adorent. Il fait ce qu'il veut, renouvelle comme il lui plaît la face de la terre. A Erfurt, à Dresde surtout, il a l'air d'un Dieu. Les potentats lui lèchent les pieds. Il a éteint le soleil de Louis XIV, il a épousé la plus haute fille du monde ; l'Allemagne sourcilleuse et parcheminée n'a pas assez de cloches, de canons ou de fanfares pour honorer ce Xerxès qui se souvient avec orgueil d'avoir été sous-lieutenant d'artillerie, vingt-cinq ans auparavant, de n'avoir possédé ni sou ni maille et qui traîne maintenant vingt peuples à la conquête de l'Orient.

Une saison s'écoule et voici a le froid Aquilon qui dévore les montagnes, sicut igne », dit l'Ecclésiastique. Le sous-lieutenant de 1785 s'en retourne à pied dans la neige, appuyé sur un bâton, suivi de quelques agonisants. Mais il n'est vaincu que par le ciel, ne devant pas encore être vaincu par les hommes.

Dieu aime ce superbe et l'afflige par amour, sans vouloir tout à fait l'abattre.

Dieu a regardé dans le sang liquide des carnages et ce miroir lui a renvoyé la face de Napoléon. Il l'aime comme sa propre image ; il chérit ce

Violent comme il chérit ses Apôtres, ses Martyrs, ses Confesseurs les plus doux ; il le caresse tendrement de ses puissantes mains, tel qu'un maître impérieux caressant une vierge farouche qui refuserait de se dévêtir. Il le dépouillera certainement à la fin et d'une manière si complète que les rois seront occupés, trente ou quarante ans, à se disputer ses lambeaux. Mais il ne veut pas que ce soit du premier coup. Il s'y reprendra même à trois fois. 1813, 1814, 1815, trois Épiphanies de douleur !

La première, et non pas la moins terrible, est ce qui ressemble le plus au déluge du Ve siècle. Les colossales armées de la Coalition suprême renouvellent assez bien les Huns, les Sarmates, les Suèves, les Alains, les Saxons, les Goths et les Vandales de la Punition de Rome. Toute cette chiennaille barbare est aux flancs du Lion mutilé, mais invaincu. Il se retire en rugissant de douleur et d'orgueil, et revient en France où il fait combattre, un contre dix, des enfants transformés par lui en légionnaires. L'Olympe ou la Wallalah des dieux imbéciles tremble derechef. Trahi enfin par des lieutenants qu'il avait conçus et enfantés, on le relègue dans l'île dérisoire de Sancho Pança. Tout semblait fini. Un vieillard fratricide et libertin essayait de manger la France avec ses gencives. L'Invincible reparaît une dernière fois, combien prodigieux I Le Royaume de Jésus-Christ et de sa Mère épuisé de sang, perclus de douleurs, se précipite aussitôt vers lui en poussant des cris d'allégresse. C'est 1815, hélas ! et Waterloo ! On se bat comme des anges au désespoir. On se bat contre toute l'Histoire, on se bat contre soixante siècles !

C'est le désastre, et Jeanne d'Arc pleure sur tous les chemins. Napoléon qui apportait la victoire est forcé de la cacher dans les buissons de la déroute, ne voulant être vaincu que par lui-même. Incompréhensiblement il abdique une seconde fois, dégoûté de tout, et finit à Sainte-Hélène au milieu des rats et des scorpions de l'Angleterre.

V

Tel est ce mystère historique à nul autre pareil. Autrefois, au temps de ma jeunesse, et même plus tard, quand j'aimais les romans d'aventure ou les mélodrames, j'ai vu que ce qui me passionnait surtout, c'était l'incertitude sur l'identité des personnes. C'est la grande ressource, inépuisée encore aujourd'hui, de la Fiction pathétique. Depuis Œdipe et Jocaste, ça n'a pas changé. Il est essentiel que le héros, quelque intuitif, d'ailleurs, qu'on le veuille imaginer, soit lui-même un personnage énigmatique. Cette imperdable puissance d'une idée banale tient sans doute à quelque pressentiment profond. C'est l'effet d'une vue directe, mais très antique, de la condition humaine. Je l'ai dit, chaque homme est sur terre pour signifier quelque chose qu'il ignore et réaliser ainsi une parcelle ou une montagne des matériaux invisibles dont sera bâtie la Cité de Dieu. Ne voir en Napoléon qu'un homme plus grand que les autres, assurément, mais ne signifiant rien au delà de ses actes, c'est invalider du même coup l'Avenir et le Passé, en disqualifiant toute l'Histoire.

« Ego dixi, dii estis. J'ai dit : Vous êtes des dieux », affirme le Maître. Ah ! sans doute, on est, pour le moins, des figures de Dieu, des ostensoirs de son mystère, et, certainement, Napoléon est le plus manifeste qu'il soit possible de contempler. Je ne crois pas qu'il y ait, dans toute sa vie, une action ou une circonstance qui ne puisse être interprétée divinement, c'est-à-dire dans le sens d'une préfiguration du Règne de Dieu sur la terre.

Il naît dans une île. Il fait constamment la guerre à une île. Quand il tombe pour la première fois, c'est dans une île. Enfin il meurt captif dans une île. Insulaire par naissance, insulaire par émulation, insulaire par nécessité de vivre, insulaire, par nécessité de mourir. Même lorsqu'il tenait l'Europe dans ses mains, même dans ses plus terribles batailles, le perpétuel grondement des vagues de l'Océan couvrait pour lui le vacarme des canons.

Ambitieux de régner sur toutes les mers, le continent lui fut toujours un obstacle.

Comme un grand vaisseau pris dans les glaces, il fut continuellement pris dans les terres et ne parvint pas à s'en dégager.

.Vingt ans il piétina le continent avec fureur, ne lui pardonnant pas de s'opposer à la conquête de cette île anglaise inaccessible, du haut de laquelle il eût été le Dominateur certain de l'Atlantique et de la Méditerranée, enserrant de ses flottes les vieux royaumes et les vieux empires et faisant une île de toute la terre, une autre île immense comme son rêve ! *Tacete et ulultte, qui habitatis in insula* , semblait-il dire avec le Prophète, à chacun de ses pas, et ce fut en vain.

VI

Il décrète le Blocus continental, entreprise la plus énorme qui ait été conçue.

Tout le continent européen reclus et cadenassé, trois cents millions d'hommes, s'il le faut, condamnés à la ruine et au désespoir pour que l'Angleterre, mise au ban des peuples, soit forcée de livrer les clefs et les triples barres de la geôle des océans, et il s'en est fallu de bien peu. Cela rappelle, en très grand, les Interdits fameux du Moyen Age dont le souvenir est si troublant. Décret apocalyptique. On l'imagine daté de la veille du Jugement universel. Il y à des anges et des clairons à tous les cantons du ciel.

Mais les Scythes et les Sarmates viennent seulement de naître à la civilisation occidentale. N'est-il pas juste qu'ils aient le temps de se putréfier à leur tour ? Ils refusent de s'immoler ! Napoléon leur tombe dessus avec dix armées. Or voici que Dieu protège ces barbares. Les guerriers fabuleux et invincibles sont tués par le froid et le Blocus devient impossible. Impossible aussi désormais la Domination du monde.

C'était beau pourtant, trop beau sans doute pour ce Dieu jaloux qui ne veut pas de partage. Quand il daignera se manifester complètement à la fin des fins, c'est-à-dire lorsque toutes les figures auront été épuisées, il faudra bien qu'il fasse quelque chose de semblable à ce Dessein de Napoléon. Alors, mais seulement alors, on saura combien c'était beau ! Certainement, à ce moment-là, Dieu aura devant lui et contre lui une île à humilier, à exterminer, Vile des Saints) autrefois, devenue l'île tragique et sombre, l'île des Reniements, des Apostasies, des Hypocrisies, des Trahisons et de l'Orgueil. Il faudra bien qu'en une manière, il la sépare du continent de la Foi, déjà séquestré lui-même dans le parfait abrutissement !

Car il sera nécessaire, ô Jésus qui vous appelâtes, de vos propres lèvres, Fils de l'Homme, que vous vous contentiez de très peu, si, d'ici là, vous n'avez pas miraculeusement tout changé. Puisqu'il est inévitable que toutes les figures s'accomplissent, vous aurez, de même que votre Napoléon, l'obstacle du froid et des barbares. Mais, en même temps, vous aurez la ressource qu'il n'eut pas, de faire de son peuple quelque chose comme un nouveau peuple qui ne sera qu'un peu au-dessous des anges.

VII

Napoléon se marie deux fois, comme un Assuérus, répudiant une prostituée pour en prendre une autre qui n'eut de commun avec l'Esther de la Bible que les parfums. Mais c'était ceux de la monarchie césarienne des Habsbourg, vieille bergamote évanouie qui parut l'enivrer un jour, dont il fut bientôt étourdi et chancelant, presque asphyxié, effluence dangereuse des anciens sépulcres de la magnificence et de la grandeur charnelles.

Il est raconté qu'Assuérus qui régnait sur cent vingt-sept provinces d'Asie, voulant remplacer sa première femme, fit rechercher par tout son empire et comparaître devant lui les plus belles filles du monde, « celles même du Parthe et du Scythe indompté s, et qu'à la fin, il fixa son choix sur une pauvresse juive du nom d'Esther qui signifie la Mystérieuse. Napoléon, plus puissant que cet antique potentat et ne voulant pas de pauvresse, eut à choisir parmi les héritières altissimes des Majestés qui léchaient ses bottes, et il fit cela comme une campagne rapide, balayant d'un geste les princesses de moindre grandeur. Mais celle qu'il épousa ne fut certes pas une mystérieuse et le beau-père infâme, l'homme aux « entrailles d'État », comme on disait chez les domestiques, devenu, quatre ans plus tard, un Mardochée d'adultère, conduisit lui-même, ses trois couronnes en tête, son archiduchesse de fille au lupanar pour déshonorer un gendre qui ne le faisait plus trembler.

Pour finir, en ne sortant pas de la Bible, on croirait lire Ezéchiel en ce formidable chapitre où l'ignominie sans nom des deux épouses du Seigneur est divulguée.

VIII

Parlerons-nous du retour de l'île d'Elbe ?

Que n'a-t-on pas dit ou écrit sur cet événement incompréhensible ? Jusque-là Napoléon n'avait combattu que les hommes et, précisément parce qu'il était plus grand qu'eux tous, il avait été ou paraissait avoir été vaincu à la fin. Mais en quittant l'île d'Elbe, il entreprend de combattre la nature des choses, son propre destin, s'efforçant de terrasser l'Ange formidable, comme Israël fort contre Dieu même. On n'avait jamais rien vu et on ne verra peut-être jamais rien de comparable au vol de son aigle allant « de clocher en clocher jusqu'aux tours de Notre-Dame ». Pourquoi Notre-Dame ? Napoléon n'était pourtant pas dévot à la Sainte Vierge, ostensiblement du moins. Mais tout étant présumable d'un être si grand, n'est-il pas permis de supposer en lui un pressentiment surhumain, une secrète divination de la Suzeraineté de Marie, Patronne et protectrice à jamais de cette France qu'il avait ramassée dans une boue de sang et d'ordures et qu'il avait faite si magnifique ?

Et maintenant, voici que je m'étonne de ma prudence ! Pourquoi tant de précautions littéraires ? Cela ne crève-t-il pas les yeux que l'Événement fut entièrement et absolument surnaturel ? Il n'y avait peut-être pas une famille en France qu'il n'eût saignée jusqu'à l'épuisement des veines, jusqu'à l'arrêt définitif des battements du cœur. En Italie, en Égypte, en Allemagne, en Pologne, en Espagne surtout et en Russie, un nombre infini de Français étaient morts par sa volonté ou ce qu'on pouvait croire sa volonté. La campagne de Saxe à elle seule avait coûté plus de cent mille vies. On aurait pu penser que ce dévorant inassouvi avait exténué tout enthousiasme et tari toutes les fontaines de l'amour.

Ce fut le contraire qui arriva. Une dernière armée de victimes vint s'offrir, et quelles victimes ! Un rugissement de gloire monta jusqu'au ciel. Dans une revue, les cavaliers héroïques de cent batailles, croisant leurs sabres au-dessus de sa tête, lui firent une voûte d'acier en pleurant de joie et de fureur. Quelques jours plus tard, ils étaient immolés à leur tour. C'étaient les derniers, mais il en restait tout de même et Napoléon, s'il avait Voulu, pouvait encore, même après Waterloo, continuer indéfiniment les sacrifices humains.

En vérité, jamais un homme ne fut adoré comme celui-là, dans l'espérance ou le désespoir, dans les tourments infinis de la fatigue, de la faim et de la soif, au milieu des boues et des neiges, dans la mitraille ou les incendies, dans les exils, dans les prisons, les hôpitaux et parmi les agonies ; adoré quand même, adoré toujours, malgré tout, comme un rédempteur que la corruption du tombeau ne pouvait atteindre, comme une vierge de gloire qui ne pouvait pas mourir. J'ai connu, dans mon enfance, des vieux mutilés incapables de le distinguer du Fils de Dieu.

IX

Quel souvenir que ces images de Raffet illustrant la pauvre histoire de Norvins qui me paraissait un évangile quand j'avais douze ans ! Un évangile, c'est bien cela. A peine en connaissais-je un autre, ma culture chrétienne ayant été devancée, ou retardée, par la culture napoléonienne. Malgré tant d'années écoulées, je retrouve encore le frisson de magnificence qui me parcourait en feuilletant ces pages que je pouvais à peine lire, ignorant tout à fait l'histoire. Mais quelle fièvre, quel tremblement par les images !

Qu'avais-je besoin de lire ? Avec elles et par elles, je le suivais partout, mon héros et mon empereur, depuis Toulon jusqu'à Sainte-Hélène. Je l'accompagnais surtout en Égypte et en Russie : je le voyais toujours tout-puissant, toujours infaillible comme un Dieu, et je croyais être un des plus vieux de sa Vieille Garde.

Qu'avais-je besoin de comprendre ? Je sentais déjà et je n'ai jamais cessé de sentir en lui le Surnaturel, et les huit lettres de son Nom, imprimées, je m'en souviens, en grosses capitales couleur de sang, sur la couverture, me semblaient lancer des rayons jusqu'aux extrémités de l'univers.

De cela, je ne suis jamais revenu.

Il y avait aussi, tout près de la ville, un jardin étrange et certainement très ridicule que je reverrai peut-être dans le Paradis. Un bourgeois quelconque, un imbécile, j'en ai peur, avait imaginé de faire de sa propriété un lieu de pèlerinage napoléonien. Cela s'appelait Sainte-Hélène et mon père m'y conduisait tout enfant.

C'est si loin que je peux à peine m'en souvenir. Il y avait je ne sais quoi, un buste énorme de l'Empereur, une petite colonne de la grande armée en simili-bronze, une sorte de caverne environnée de saules pleureurs et représentant le tombeau d'exil, d'où émanait une épouvante religieuse, des rocailles de la Malmaison ou de Saint-Cloud, une effigie verdâtre du Roi de Rome dans un berceau de lierres ou de chèvrefeuilles, et des plâtres de grognards ou de maréchaux défiant toute cocasserie sublunaire.

Voilà tout ce que je peux retrouver dans les cryptes de ma mémoire et encore je je n'en suis pas très sûr. Mais l'émoi de mon cœur d'enfant dure toujours et c'est parce qu'il n'a pas cessé, depuis cinquante ans, que je peux écrire ces pages. Tel était et tel est encore, si longtemps après son dernier soupir, l'ascendant de ce Prodigieux !

X

Envisager Napoléon comme un instrument divin met fort à l'aise pour parler de ses fautes, enregistrées avec tant de soin et sur tant de papier par tous ses juges. Si on entend raisonnablement par le nom de fautes, une série de transgressions volontaires, vénielles ou capitales, d'une loi promulguée, la stricte justice ne permet pas qu'on les impute à un instrument. En ce sens Napoléon peut n'avoir pas commis une seule faute, ayant toujours été forcé d'accomplir, en qualité d'instrument, ce qu'il lui était prescrit de vouloir et d'accomplir.

Nul doute qu'il ne fût, en même temps, un homme sous la loi de la chute, comptable, par conséquent, des fredaines de sa liberté. Mais de cela, Dieu seul est juge, Dios de todos. Je n'ai en vue que ce qu'on nomme vulgairement les fautes politiques. Aucun autre que lui-même n'a pu savoir ni conjecturer sans témérité ce qu'il mit de sa volonté propre dans les actions magnifiques ou effrayantes exigées par une Volonté supérieure à laquelle il ne fallait pas désobéir.

,. Confusément il le sentait bien quand il parlait de son « étoile ». Sans pouvoir comprendre, il sentait une Main dans ses cheveux, une main sur son cœur qui cessait alors de battre, a-t-on dit, une main autour de sa pensée formidable. En frémissant, ce Maître du monde se voyait circonscrit dans une liberté d'ordre inférieur et sous son masque impérial cadet, en cette manière, de tous ceux, fussent-ils les plus misérables, qui n'avaient pas, comme lui, une consigne, un mandement d'éternité, un canevas divin à remplir et qui paraissaient avoir, plus que lui, le choix de leurs œuvres bonnes ou mauvaises.

Peut-être alors serait-il possible d'expliquer, par d'intermittentes rébellions de son âme, par de subites velléités de s'évader d'une si fatale grandeur, les étranges pardons qu'il eut tant de fois pour ses ennemis les plus dangereux et son inconcevable faiblesse pour des compagnons s indignes de lui.

« Cet homme né pour l'empire », a dit un historien pénétrant, « qui entra de plain-pied dans la souveraineté et se trouva sans effort non seulement l'égal, mais le supérieur, et sous tous les rapports, des rois et des empereurs vaincus par lui, demeura toujours, dans sa famille, un parvenu et un cadet. Là, il ne fut jamais empereur que pour donner. Il ne parvint jamais à se faire obéir ni respecter. Il garda pour les siens cette étrange complaisance qu'il étendit à tous ceux qui l'avaient aidé dans les temps difficiles, servi dans les années de crise. Ce guerrier, cet autocrate violent, généreux, débonnaire, fut de tous les maîtres et .meneurs d'hommes, le plus notablement trompé et trahi par ses femmes, par ses frères, par ses sœurs, par ses ministres, par ses lieutenants, par ses serviteurs. »

Sans doute fallait-il qu'il en fût ainsi et que même ses pires fautes, puisqu'il faut employer ce mot, fussent comme des parties essentielles du poème de sa destinée.

XI

On est, d'ailleurs, suffisamment averti lorsque, étant capable de profondeur, on vient à considérer la sottise palpable d'une substitution imaginaire à des événements accomplis. Tel autre dénouement aurait eu lieu, dit-on, si telle circonstance avait été prévue. Mais précisément cette circonstance ne pouvait pas être prévue ni écartée, puisqu'il fallait ce dénouement et non pas un autre. Les faits sont absolus en eux-mêmes et dans toutes leurs péripéties. Les faits historiques sont le Style de la Parole de Dieu et cette parole ne peut pas être conditionnelle. Il. fallait Vincennes, il fallait Tilsitt et Bayonne, il fallait les Rois frères, l'impunité incompréhensible de Bernadotte et la désastreuse campagne de Moscou ; il fallait, après Dresde et Kulm, l'incommensurable folie d'abandonner dans les inutiles forteresses d'Allemagne plus de 150.000 soldats plus que suffisants pour écraser la Coalition dans les plaines de la Champagne. Il fallait enfin Grouchy. Il fallait toutes ces choses connues et beaucoup d'autres qu'on ne connaît pas, et la preuve sans réplique, c'est qu'elles sont advenues sous l'œil de Dieu qui ne fait pas de fautes et qui voulait ces choses depuis toujours.

« Ai-je donc accompli les volontés du Destin ? » répondait l'Empereur à quelques-uns de ses grands qui tentaient, en 1812, de le détourner de la Russie. « Je me sens poussé vers un but que je ne connais pas. Quand je l'aurai atteint, un atome suffira pour m'abattre. » Il se défendait à Sainte-Hélène du reproche d'avoir trop aimé la guerre, disant qu'il y avait toujours été contraint, et cela est rigoureusement exact. S'il aima la guerre où il excellait, où donc est le grand artiste amoureux de son art, mais forcé d'en vivre exclusivement, qui aurait le droit de l'incriminer ?

On se demande quel homme a pu galoper autant que celui-là sous le fouet de son destin. On sait sa fameuse course à franc étrier, de Valladolid à Burgos, trente-cinq lieues en cinq heures. 11 était parti avec une nombreuse escorte, à cause du danger des guérillas. A chaque pas il laissa du monde en routa et arriva presque seul. Il fallait lâcher l'Angleterre, insuffisamment étranglée au nord de l'Espagne, pour se jeter sur la menaçante Autriche et il n'y avait pas une heure à perdre.

Cette chevauchée fantastique à peine croyable est une image de toute la vie forcenée de ce Titan, toujours contraint d'aller un peu en avant de la foudre et qui n'obtint de se reposer que dans la mort.

XII

Par manque d'attention ou débilité d'intelligence, je me suis souvent étonné des deux Abdications, ne concevant pas qu'un tel homme eût abdiqué une seule fois. Je pense, aujourd'hui, qu'il fit cela comme tout le reste, par commandement.

C'est une autre version des deux épouses.

J'en suis à me dire que c'est là surtout qu'il faut chercher.

Serait-ce donc qu'il peut y avoir deux abdications divines ? Une telle pensée est-elle concevable ? Dieu disant : « A partir de maintenant, je ne suis plus Dieu. » Une première fois, parce qu'on l'abandonne, une seconde fois, parce qu'il s'abandonne lui-même. C'est le vertige, c'est la falaise de l'absurde et de l'impossible. Et pourtant cela s'est vu, dans le grand miroir aux énigmes, en 1814 et 1815. On en a assez pleuré et il y a des gens qui en pleurent encore. Avant et surtout après les Cent-Jours, les malheureux disaient en eux-mêmes : « C'est fini ! Nous n'avons plus de Dieu, qu'allons-nous devenir ? On ne pourra plus naître, on ne pourra plus mourir. On ne pourra plus être jugé ni récompensé par personne. Plus de paradis pour l'espérance, plus d'enfer pour le désespoir. » Et il y eut dans le pauvre monde une tristesse infinie.

Pourquoi donc Napoléo n'a-t-il abdiqué et, je le répète, abdiqué deux fois ? Un seul pourrait répondre à cette question et il se nomme l'Esprit-Saint. « C'est pour moi », dirait-Il, « qu'il a abdiqué. Etant la ressemblance du Père qui s'est repenti d'avoir fait les hommes, étant l'image du Fils crucifié par eux, Napoléon était bien forcé de les congédier en sa personne et en cette manière, puisqu'il ne restait plus à préfigurer que le Paraclet du triomphe définitif en qui se doivent accomplir tous les symboles et se consommer toutes les prophéties. Votre empereur a fait ce qu'il avait à faire, très exactement, comme les soleils ou les animaux, sans comprendre ni savoir, et la magnificence qui parut en lui avant qu'il tombât, n'était, par anticipation, qu'un reflet infiniment pâle de ma prochaine splendeur. Les deux gestes par lesquels il vous a quittés étaient miens, véritablement, dans l'espace et dans la durée, mais dans un mode qui vous est caché et que vous ne pouvez pas connaître avant l'heure. »

Que Celui qui peut comprendre comprenne, a dit Jésus qui ne parlait qu'en paraboles, et cette Injonction mystérieuse ne pouvait s'adresser qu'au seul Paraclet à venir par qui seront dévoilés tous les arcanes.

N'étant pas le mandataire accrédité de ce Consolateur, je n'ai donc rien à expliquer. D'ailleurs, depuis la déchéance et l'abjection procurées par la Chute originelle, qui donc est capable d'expliquer ou de comprendre profondément quoi que ce soit ? C'est déjà bien beau et passablement surhumain de montrer qu'il y a partout du mystère ou de le donnera pressentir ; de proclamer, par exemple, qu'il n'y a pas de causes jugées en histoire, que la vie des hommes, grands ou petits,

« n'est pas ôtée, mais seulement changée*, selon l'expression liturgique, vita mutatur, non tollitur, et, qu'en conséquence, on ne sait vraiment rien des combinaisons perpétuellement itératives de la Volonté divine !

XIII

Ah ! si Napoléon avait pu être la multitude ! Si son Nom avait été le nom de la multitude, combien ce serait plus facile de l'expliquer ! D'abord il n'aurait pas eu besoin de naître dans une île, ce qui eût tout simplifié, son cas étant essentiellement géographique, et toute idée d'un Blocus continental, ou seulement départemental, eût été sans occasion et sans opportunité. Une seule épouse lui aurait suffi, la Sottise universelle, épouse fidèle s'il en fut et combien féconde ! Il n'aurait jamais été à l'île d'Elbe, trop éloignée des centres et, par conséquent, n'aurait jamais eu à en revenir. Pour ce qui est des deux Abdications, n'en parlons pas. Il eût été facile de les remplacer par le Suffrage universel qui aurait certaine-ment, nous l'espérons, terrifié la Coalition et on aurait eu la prostitution politique cinquante ans plus tôt.

Mais voici. Napoléon n'était pas la multitude. Il était seul, absolument, terriblement seul, et sa solitude avait un aspect d'éternité. Les anacho-rètes fameux de l'antiquité chrétienne avaient, dans leurs déserts, la conversation des Anges. Ces saints hommes étaient isolés, mais non pas uniques ; ils se voyaient entre eux quelquefois, et leur dénombrement est difficile. Napoléon, semblable à un monstre qui aurait survécu à l'aboli-tion de son espèce, fut vraiment seul, sans compagnons pour le comprendre ou l'assister, sans anges visibles et, peut-être aussi, sans Dieu ; mais cela, qui peut le savoir ?

N'ayant pas d'égaux ni de semblables, il fut seul au milieu des rois ou des autres empereurs qui ressemblaient à des domestiques aussitôt qu'ils s'approchaient de sa personne ; il fut seul au milieu de ses grands qu'il avait fabriqués avec de la boue et des crachats et qui retournèrent à leur origine, le jour même où commença le déclin de sa puissance ; il fut seul au milieu de ses pauvres soldats qui ne pouvaient lui donner que leur sang et qui n'en furent point avares. Il fut seul à Sainte-Hélène au milieu des rats de Longwood et des dévouements rongeurs qui prétendaient le consoler. Il fut seul enfin et surtout au milieu de lui-même, où il errait tel qu'un lépreux inabordable dans un palais immense et désert !

Seul à jamais, comme la Montagne ou l'Océan !

I. L'AME DE NAPOLÉON

Le premier de tous les droits pour Napoléon, aussi bien que pour le dernier tambour de ses armées, c'était certainement d'avoir une âme, une âme qui fût vraiment sienne et ne pût appartenir à aucun autre. Il est difficile d'y penser.

Sans doute quand on est chrétien, on est forcé de savoir que tout homme a une âme et que cette créature invisible est à la ressemblance d'un Créateur invisible. On sait aussi et par conséquent que l'âme de n'importe qui, fût-ce d'un imbécile ou d'un nègre, est infiniment plus précieuse que tous les trésors à imaginer, incomparablement plus colossale que l'étoile Canopus à qui les astronomes les plus modérés concèdent une dimension sphérique huit millions de fois supérieure à celle de notre soleil. Des saints ont dit que si quelqu'un pouvait voir une âme telle qu'elle est, dans sa grandeur et sa dignité, ce quelqu'un mourrait à l'instant. Assurément si cela pouvait être mis en doute, le Dogme de la Rédemption par le Sang et par l'Opprobre d'un Dieu incarné serait absurde et inconcevable.

C'est déjà beaucoup pour un croyant que l'Ame puisse être pensée et c'est même tout à fait surnaturel, j'ose le dire, qu'il en soit parlé continuellement. Il ne s'agit pas ici, bien entendu, de l'âme des bêtes ou des plantes, c'est-à-dire de leur principe de vie qui n'est vraiment pas facile à expliquer ni à démontrer. Il s'agit de l'âme humaine incapable de finir, dont l'existence même n'est connue que par l'opération de la Grâce, de l'âme invisible devant survivre à un corps visible qu'elle est appelée à réintégrer un jour, de cette Ame que Dieu a faite participante de lui-même et qui est plus durable que tous les mondes.

Si cette idée est accablante, lorsque notre esprit daigne s'occuper du premier passant, que sera-ce d'un Napoléon ? Faudra-t-il dire, en se moquant du Rédempteur et de son Sang, que l'âme de celui-ci est plus précieuse que celle des autres ? Assurément non, mais plus grande et incomparablement plus grande par attribution, cela est certain.

Il y a des âmes qui sont des épouses ou des concubines préférées que le Seigneur se plaît à combler des parures les plus extraordinaires et les plus somptueuses. Si elles sont infidèles ou dissipatrices, elles en assumeront le châtiment, car le Maître est aussi jaloux que puissant. Mais, jusque dans le fond de leur disgrâce, elles garderont leur gloire essentielle et le souvenir de ce qu'elles furent ne sera pas effacé du cœur des hommes.

Nul ne flamboya autant que Napoléon, c'est sûr, mais rien ne prouva que son âme fut plus éclairante que celle d'un cuistre ou d'un cordonnier. Les lampes ou les phares de son génie répandirent un éblouissement qui dure encore et qui ne finira qu'à l'aube du Jour de Dieu. Mais son âme, toujours ignorée, ne put éclairer que lui-même d'une façon que nous ne savons pas. Son âme à lui, triste ou joyeuse, sombre comme les abîmes, ou torturée par la lumière ; son âme de pécheur, d'orgueilleux, d'implacable, de sentimental et de débonnaire ; son âme aux feux changeants, douloureuse ou triomphante ; son âme inconstante ou désespérée lui disant toujours : « Tu es seul, ô Napoléon, éternellement seul ; nul ne t'accompagne, nul ne sait ce que tu aimes ni ce que tu hais, ni où te porteront tes pas, puisque toi-même tu l'ignores.

Pauvre tout-puissant malheureux, pleure au fond de moi, je te cache et je te protège ».

Napoléon n'a eu en propre que son âme.

C'est par elle qu'il gagna toutes ses batailles ; c'est par elle qu'il fut un meneur d'hommes inouï, un administrateur infini ; qu'il osa pétrir l'Europe dans des mains empruntées à Dieu et qu'il espéra ne jamais rendre. C'est par son âme enfin et son âme seule qu'il eut la gloire de se tromper comme aucun homme ne s'était trompé avant lui, et d'être abattu à la fin, n'étant que l'Annonciateur, non par l'hostilité furieuse de quelques rois humiliés, mais par la coalition de tous les siècles et par le jusant de la Révolution française qui se retirait de lui, l'ayant porté jusqu'aux cimes.

Les témoignages historiques sont assez clairs. Configurateur et Régulateur de cette Révolution qui changeait la face du monde, Napoléon eut contre lui, nécessairement, toutes les Traditions antérieures. Toutes les choses du Passé durent naturellement se précipiter vers lui et sur lui, comme des torrents innombrables attirés par un gouffre unique.

Vainement il essaya de les capter à son usage, en déplaçant toutes les frontières, en essayant de fabriquer de nouveaux rois et de nouveaux peuples, en datant de sa personne une ère nouvelle. Les choses lui obéirent moins que les hommes et c'est à confondre la pensée de se dire qu'il y eut une âme, une seule âme d'orgueil, d'amour et de souffrance comme les autres, pour porter cela, une âme excessivement démesurée, mais absolument unique par destination, en laquelle il fallut que se concentrât l'effort de la résistance continuelle à toutes les âmes, cavales perfides ou juments sauvages, qu'il était indispensable de toujours dompter.

Au risque de sembler paradoxal, j'ose prononcer le mot de désintéressement.

Quel pouvait bien être, en effet, l'intérêt ou les intérêts d'un homme arrivé à une situation si prodigieuse ? Quelle ambition aurait-il pu concevoir, sinon d'être ou de rester ce qu'il était déjà, ce qu'il avait toujours dû être, même dans les limbes de sa destinée, car l'avenir, au sens ordinaire, est un mot sans acception, quand on parle de tels parangons d'humanité. Au sommet de tout, dès l'âge de trente-huit ans, rassasié de tout ce qui peut faire palpiter, il ne lui restait plus qu'à se faire adorer comme un roi païen, si sa puissance inouïe avait été capable de prévaloir contre la goutte d'eau de son baptême.

Le désintéressement de Napoléon ! Qui, donc y pense ? Il fut à sa mesure, cependant, et tout à fait hors de mesure, non pas précisément par mépris ou satiété, mais parce qu'il n'eut pas le temps de rechercher ou même de considérer ce qui ait pu lui être profitable. Il eut le désintéressement du vrai soldat qui exécute une consigne dangereuse sans être soutenu seulement par la pensée que son obéissance pourra paraître héroïque. Ne sachant pas lui-même où le portait une Volonté mystérieuse de laquelle il ne songeait pas à discuter les exigences et ne se réservant que la responsabilité la plus totale qu'un mortel ait assumée, il lui parut simple d'exiger le désintéressement absolu de plusieurs millions de créatures qu'il comblait de gloire, n'ayant pas autre chose à leur donner ; mais devinant très bien que ces instruments inférieurs de la Force irrésistible dont il subissait l'impulsion allaient comme lui, et du même pas, à l'accomplissement inéluctable d'un Dessein qui dépassait la compréhension de son génie.

On ne pourra jamais le répéter assez, tout était contre lui, toutes les âmes contre sa seule âme ! Non seulement les âmes des contemporains si violemment comprimées par lui, mais les âmes d'autrefois, les âmes, toujours vivantes, des anciens morts qui avaient rempli, goutte à goutte, pendant des siècles, les Sept Coupes de la Colère qu'il fut chargé de présenter au monde, et encore les âmes à venir sur qui ces Coupes effrayantes seraient inévitablement répandues, car il n'était, je l'ai dit, qu'un Précurseur. Toutes, encore une fois, devaient être contre lui, de même que les criminels contre l'exécuteur de leurs propres œuvres et, aussi, en vertu de cet instinct universel de l'humanité à l'état de chute qui ne pardonne pas aux Supérieurs.

Il est donc raisonnable de penser que Napoléon, même aux jours de ses triomphes les plus éclatants, fut un homme secrètement mais profondément malheureux, puisque le bonheur ou ce qu'on veut appeler le bonheur, en cette vie, n'est qu'une combinaison, d'ailleurs illusoire, de satisfactions médiocres et d'aubaines adventices qui ne peuvent convenir à un grand homme et surtout au plus grand des hommes.

II. LES AUTRES AMES

Le nombre en est infini et c'est décourageant d'y songer. Les autres âmes, c'est le genre humain tout entier. Car tel est l'éblouissement procuré, je ne dis pas par la rêverie, mais par la pensée. Napoléon d'un côté, le monde de l'autre.

Il me semble avoir vécu à cette époque, non encore oubliée, de l'an VI, où Bonaparte apportait à Paris la ratification, combien vaine 1 du traité de Campo-Formio.

Ce fut le printemps du délire, le commencement de la fascination universelle. On se tuait pour voir de près le jeune général à figure de héros antique et comparable seulement à des vainqueurs imaginaires, qui venait, à vingt-huit ans, d'agenouiller devant lui les classiques armées d'Autriche victorieuses de Louis XIV, il n'y avait pas cent ans. On ne pouvait presque plus respirer parmi ce grand peuple fumant de gloire.

Dès ce moment, le dominateur dut sentir sa force et juger ses contemporains. Assurément il avait dû voir combien c'était facile, avec ses dons, de fouler aux pieds ce qu'il y avait de plus grand, ce qu'on croyait le plus grand depuis des siècles.

Alors, nécessairement, dut commencer pour lui, et déjà contre lui, le spectacle, jusqu'alors inconnu, de l'avalanche furieuse de toutes les âmes habitant ou ayant habité des corps depuis longtemps ou depuis toujours.

Sans remonter au Déluge, il y avait, au moins, Henri IV, le roi gascon, destructeur de l'Unité catholique en France et absurdement ambitieux d'une hégémonie européenne que ne permit pas le providentiel couteau de Ravaillac. Ce hâbleur de la. « poule au pot » qui n'a pu laisser au peuple que le souvenir de ses paillardises, avait osé dire, se sentant menacé : « Vous ne me connaissez pas, vous autres ; quand vous m'aurez perdu, vous reconnaîtrez ce que je valais et la différence qu'il y a de moi aux autres hommes. » Il le croyait sans doute et son petit-fils le crut encore plus que lui.

Le protocolaire Louis XIV, chef suprême du bureau des monarchies et l'un des plus médiocres bellâtres qu'on ait jamais vus, ne se jugeant pas « inégal à plusieurs soleils, nec pluribus impar », exigeait simplement qu'on devînt aveugle ou même idiot en le regardant. Le bourbeux Louis XV, très digne de son ascendance, aussitôt après sa mort, ô Juvénal ! dut être précipitamment mis en bière par l'effroyable moyen d'une pompe de vidangeur, et c'est le trait le plus caractéristique de son règne.

Enfin Louis XVI, le Rien royal pneumatique et automatique, tueur d'hirondelles et serrurier ; capable tout au plus, selon Thiébault, d'assommer les petits chiens à coups de canne et de rire de cette bonne farce, inextinguiblement ; excellent objet pour la guillotine et trésor inappréciable pour les diptyques du martyrologe des imbéciles.

Il est entendu que ces personnages, avec tous leurs proches, leurs amis, leurs ministres, leurs femmes ou leurs maîtresses, avaient des âmes. On est forcé d'en dire autant de chacun des grands mimes de la Révolution, en allant de Mirabeau jusqu'au verdâtre Robespierre. Et, quand Napoléon a cessé de barrer l'espace qui est sous le ciel, cela continue ignoblement avec le sac d'excréments qui s'est appelé Louis XVIII et son imbécile puîné Charles X, tous deux fratricides et supplantateurs dégoûtants de leur neveu l'infortuné Louis XVII, aussi peu capables l'un et l'autre d'un éclair d'intelligence supérieure que d'un mouvement de courage ou de bonté magnanime.

On ne finirait pas de prostituer l'imagination s'il fallait parler de Louis-Philippe, du capitulard de Sedan, des Présidents de notre salope de République et surtout du Monstre qu'on entend déjà cogner aux carreaux de l'auberge.

J'ai dit que Napoléon est précisément au centre de cet immense tourbillon, ne pouvant pas être ailleurs, à cause de l'exorbitante grandeur de son âme. A cette hauteur de pensée où je m'efforce d'atteindre, il est clair que les notions de temps ou d'espace n'existent plus. L'histoire toute entière devient synoptique et simultanée, à ce point qu'il est possible de juxtaposer et d'annexer étroitement, sous le regard, les événements les plus disparates ou les plus distants. La durée est une illusion consécutive à l'infirmité de la nature humaine déchue. « Tout homme est l'addition de sa race », a dit profondément un philosophe. Tout grand homme est une addition des âmes.

A une époque lointaine et passablement obscure, il y eut un moment où tout ce qu'on nomme le Passé fut dans la nécessité d'aboutir à Charlemagne. De même, il y a cent ans, il fallut que tout, Charlemagne entête, se précipitât sur Napoléon et ce conflit est sans doute le plus extraordinaire d'entre les prodiges. Il est donc inévitable d'affirmer que Napoléon est le Chef souverain de toutes les volontés, antérieures, contemporaines ou postérieures, qu'il centralise en la sienne, le total de toutes les âmes.

En ce sens et après défalcation idéale de l'apparence chronologique, on peut dire– sans camisole que Louis XIV, par exemple, manqua de déférence à l'égard de Napoléon en faisant un roi d'Espagne de son duc d'Anjou, après lui avoir scandaleusement désobéi, en signant le déplorable traité de Ryswick. Combien d'autres choses encore 1 L'inertie de ce misérable sultan chrétien après Steinkerque, alors qu'il pouvait écraser Guillaume d'Orange ; le sauvage et inutile incendie du Palatinat ; l'expulsion bête de deux ou trois cent mille calvinistes qu'il eût été facile et si rafraîchissant de massacrer ; le bombardement plus bête encore d'Alger et de Tunis n'aboutissant pas à la conquête, et la vaine paix de Nimègue, occasion pour les bourgeois de Paris d'affubler le triomphateur en perruque du surnom de Grand, à l'heure même où cette manigance politique, en même temps qu'elle entamait le prestige de la France, préparait, pour la fin du siècle suivant, les futures coalitions et la victoire définitive de l'Angleterre.

Au total Napoléon lui devait la déconfiture de Trafalgar, l'angoisse d'Austerlitz, le deuil d'Eylau, l'illusion de Tilsitt, la déshonorante fourberie de Bayonne et l'atroce déboire qui en fut la conséquence, l'épouvantable danger d'Essling, le Mariage insensé, l'extermination de sa puissance en Russie, le gouffre de 1813, le désespoir de 1814 et l'écrasement final de Waterloo.

Il était certainement redevable de tout cela et de sa mortelle Captivité au soleil ridicule de Louis XIV, à la lune pâle et obscène de Louis XV, à la citrouille confuse de Louis XVI, enfin à la propulsion enragée du Comité de Salut Public tendant à déborder toutes les frontières sans recul possible. Héritier et exécuteur testamentaire de toutes ces âmes boueuses ou tragiques, il lui fallut aller jusqu'à Moscou pour défendre les barrières de Paris et ce fut la catastrophe.

Sous ses yeux, immédiatement, quelles furent les âmes ? Tout le monde pense naturellement à Talleyrand, à Fouché, à Bernadotte que nul opprobre ne pourrait assez flétrir. Mais il y eut ses chiennes de femmes, il y eut ses frères et ses sœurs, tous ceux qu'il avait faits grands, le troupeau infini des fonctionnaires qu'il avait comblés, la nation même devenue par lui la reine du monde. Puis, dans l'avenir crépusculaire, tout ce que nous savons, hélas !. Alors on se demande si vraiment il est possible de concevoir une plus torturante destinée !

III. L'ANGOISSE

Le moment le plus difficile de toute la vie de Napoléon paraît avoir été le 18 Brumaire ou, plus exactement, le lendemain où se consomma ce célèbre coup d'État, après que Bonaparte, effroyablement bousculé par les Jacobins du Conseil des Cinq Cents et sauvé de leurs mains par quelques-uns de ses grenadiers, eut enfin violé la fortune en expulsant l'Assemblée.

Sans doute il eut bien d'autres instants cruels et en plus grand nombre qu'on ne le pense. Mais ici commençait sa voie d'empereur. Pour la première fois, il lui fallait étendre la main vers le Globe symbolique et il se vit très près de périr d'une façon ignominieuse. Il eut l'oreille remplie et bourdonnante du terrible Hors la loi ! clameur jacobine équivalente au Crucifige.

Il avait senti sur lui la poigne brutale des maquignons de la populace et il avait cru s'évanouir de dégoût et d'horreur. « Le petit César grêle, nerveux, impressionnable », dit Vandal, « qui eut toujours horreur du contact matériel des foules, éprouve une défaillance physique.

Sa poitrine s'oppresse, sa vue se trouble, il n'a plus qu'une perception confuse et indistincte des choses. » Il a dit souvent son mépris pour les assemblées délibérantes ; il n'en avait pas la pratique et il le fit bien voir en cette occasion. Quand on l'emporta du milieu de la canaille et qu'il revit ses soldats, il se ressaisit aussitôt, comprit son vrai rôle et ce fut la foudre. Mais l'angoisse avait été plénière et il dut s'en souvenir jusqu'à sa mort.

On a beaucoup dit que la vie est un songe et on sait la puissance quasi surnaturelle des impressions que l'âme reçoit dans les songes. Que penser du songe napoléonien qui dura vingt ans, de Vendémiaire à Waterloo ? Le songe d'un tel homme, ses effets dans une telle âme et l'angoisse toujours renouvelée dans un tel songe !

Il y a des images populaires qui montrent Napoléon dormant la veille d'Austerlitz, alors qu'il avait acculé son admirable armée et son jeune empire à un abîme et que la moindre faute eût été le désastre irrémissible, deux cent mille Prussiens se préparant à tomber sur lui, même dans le cas d'une victoire qui n'aurait pas été un triomphe.

Ces pauvres images sont étrangement significatives. Il dormait sous son «étoile », ce naïf grand homme de génie, mais qui pourrait dire que ce sommeil était le repos de son âme ? Il avait eu déjà tant d'heures tragiques d'incertitude, à Boulogne, à Marengo, à Vérone, à Rivoli, aux Pyramides, à Saint-Jean-d'Acre, et cela devait durer jusqu'à la fin. Seul partout, c'est-à-dire n'ayant pas un lieutenant qui fût son égal et toujours forcé de faire cent cinquante mille soldats par l'addition de sa personne à cinquante mille combattants, quelle ne dut pas être sa secrète angoisse à chacun de ses pas glorieux !

Les images ne disent pas s'il dormait à la veille de toutes ses batailles, mais la légende populaire le donnait à supposer et cette légende avait raison, au moins dans la profondeur allégorique. Napoléon était un dormant sublime, un vainqueur somnambule que la souffrance des autres et de lui-même faisait crier pendant son sommeil et dont les cris portaient l'effroi aux extrémités du monde. Il ne se réveilla un jour, sans son épée, qu'au moment de paraître devant Dieu.

Quel gouffre de méditations, si l'on vient à penser que cet homme de guerre immense ne put jamais obtenir une victoire définitive, qu'après Austerlitz il fallut Iéna, Eylau. Friedland et qu'ensuite Wagram fut nécessaire pour aboutir à ce dilemme effrayant présenté par le destin, ou de vaincre inutilement à Moscou ou d'être écrasé ailleurs par la coalition de tous les peuples ! Que tu fasses ceci ou cela, ta ruine est inévitable et tu n'y peux rien.

Tu es dans les chaînes du sommeil, dans la torture ou la volupté des songes. Une Volonté supérieure et tout à fait infaillible a décidé que tu serais le spectateur agité de ta propre vie incomparable.

Le sublime Tauler disait autrefois que le ciel est dans l'âme humaine et que Dieu se plaît à y séjourner. « Les méchants portent aussi le ciel en eux, mais ils n'y sauraient entrer. Et c'est là le plus grand supplice des damnés de savoir qu'ils ont en eux le ciel et Dieu, sans pouvoir jamais jouir ni de l'un ni de l'autre. » Je ne crois pas du tout que Napoléon ait été un méchant et je crois moins encore qu'il soit un damné, ainsi que l'affirmaient, avec une si niaise emphase, les dévots imbéciles ou prostitués de la Restauration. Le Paradis sans mon Empereur, je ne le conçois pas. Il suffit de voir en lui un homme excessivement supérieur aux autres, mais, tout de même, soumis comme eux à la loi 1 d'exil, Nul ne peut réintégrer le Ciel ou le Paradis terrestre de son âme d'où l'expulsa l'originelle Désobéissance. Il faudrait pouvoir lier tous ses sens et les laisser à la porte, miracle infiniment rare, obtenu seulement par les saints que l'église met sur ses autels. Cependant quelque chose de cette sorte arrive parfois dans le sommeil et c'est pour cela que les impressions de joie, de douleur ou d'épouvante, ont alors une énergie qu'il est impossible de retrouver ou de comprendre, quand le réveil a désengourdi le dragon des sens.

Si on dit que toute la vie de Napoléon fut un songe, c'est à suer de peur de penser à l'agitation surnaturelle de ce sommeil de Titan. Alors toutes ses batailles auraient eu lieu dans son âme et il les aurait regardées ou entendues de loin, dans une angoisse infinie, comme un prodigieux poème qu'Un plus grand et plus redoutable que lui aurait conçu.

Songez, maintenant, qu'il y eut, parmi tant d'autres rêves, celui de son Couronnement et de son Sacre par le Vicaire de Jésus-Christ, qu'il y eut toute l'Europe frémissante et convulsée sous le pied de ses fantassins, sous le sabot de sa cavalerie innombrable, qu'il y eut, après les victoires miraculeuses, le cauchemar des désastres infinis et l'apocalypse inimaginée de son Retour et de sa chute.

Et tout cela au seuil de son âme ! Celui qui n'a jamais mendié ne peut rien comprendre à l'histoire de Napoléon.

Il fut, au seuil de son âme, le Mendiant de l'Infini, le Mendiant toujours anxieux de sa propre fin qu'il ignorait, qu'il ne pouvait pas comprendre ; le Mendiant extraordinaire et colossal demandant à qui passait le petit sou de l'empire du monde, la faveur insigne de contempler en lui-même le Paradis terrestre de sa propre gloire et qui mourut, au bout de la terre, les mains vides et le cœur brisé, avec le poids de plusieurs millions d'agonies !

IV. LA BATAILLE

Un jour pâle se lève sur les tristes plaines de la Pologne. A la sonnerie des clairons a répondu le hennissement de quarante mille chevaux. La nuit froide et noire a lourdement pesé sur l'armée dont le sommeil a dû être interrompu, combien de fois ! par les gémissements, lointains ou proches, des blessés de la veille et de l'avant-veille. Ces plaintes ont traversé les souvenirs ou les rêves des uns et des autres, car chacun de ces guerriers a une âme qui se séparera probablement de son corps dans quelques heures. C'est un immense troupeau d'âmes, c'est le bétail de l'Eternité.

Plusieurs, un grand nombre sans doute, ont revu ainsi leurs familles, leurs champs, leurs villages, en Bourgogne, en Périgord, en Normandie, en Bretagne ; d'autres en Hollande, en Allemagne, en Italie et même en Espagne, car les armées de l'Empereur se recrutent partout, excepté en Russie et en Angleterre.

On se bat depuis dix ans, on se battra certainement dix ans encore et nul ne pourrait dire quand ni comment cela finira, Napoléon moins que personne. Les chefs les plus intrépides murmurent déjà. Ce qu'on sent très bien, c'est qu'on a contre soi l'Europe entière, simplement parce qu'on est la France qui est l'âme vivante de tous les peuples, et que c'est une loi pour la brute humaine de guerroyer contre son âme.

Pour les humbles soldats cette âme est visible en Napoléon, tellement visible que s'il venait à mourir, ce serait la fin de la France et la fin du monde. Est-il rien de plus tragique, je le demande, que les larmes de ce pauvre grenadier pleurant à la Bérésina de l'avoir vu marchant au milieu des spectres de sa vieille garde ? « En vérité, je ne sais pas si je dors ou si je veille. Je pleure d'avoir vu notre Empereur marcher à pied, un bâton à la main, lui si grand, lui qui nous fait si fiers ! »

Mais ce moment n'est pas venu. L'humiliation des peuples n'a pas encore été suffisamment fécondée et il faudra bien d'autres victoires pour enfanter les désastres.

En attendant, voici le préliminaire vacarme de l'artillerie, la voix grandiose des canons. La Grande Armée se détire, allongeant ses membres puissants, bâillant à la mort. Pour la réveiller tout à fait, le vent glacé lui jette à la face des paquets de neige. La voilà debout, frissonnante et frémissante dans les vallées, sur les collines, sur les lacs gelés, au milieu des bois.

Il y a, çà et là, sur l'échiquier de l'Infaillible, les fauves redoutables dont il dispose : Davout, Augereau, Ney qui ne connaît ni fatigue ni peur ; Murat l'éventreur de bataillons, l'Achille de tous les combats ; le sublime Lannes, l'effrayant cuirassier Hautpoul, les généraux d'épopée Saint-Hilaire, Friant, Gudin, Morand, cinquante autres. Rapides et précis comme des anges de guerre, ils exécutent les derniers ordres de leur maître et le carnage commence.

Il faut qu'il y ait, ce soir, vingt mille morts et trente mille blessés pour le moins et il n'y a pas de temps à perdre : car c'est Dieu qui fait la Journée de l'Homme pour qu'il la remplisse de ses œuvres bonnes ou mauvaises, et la journée en février n'a pas huit heures dans ce voisinage du pôle.

C'est indispensable d'avoir été le témoin d'un de ces conflits de multitudes pour savoir combien la vie est un songe. Voici toute une division fauchée par la mitraille.

Qu'importe et qui donc aurait le temps de pleurer ? Trente escadrons poussés par les Furies la foulent aux pieds pour sabrer un peu plus loin les canonniers et les fantassins, avant de tomber eux-mêmes dans la lumineuse nuit des morts. Puis la bataille a des flux et des reflux incessants, systole et diastole des armées en lutte.

Une position enlevée à grand effort est perdue et reconquise, combien de fois !

Une charge héroïque pouvant être crue décisive est arrêtée par un cyclone de feux ; les cavaliers à moitié détruits sont ramenés sur l'infanterie qui les protégera comme elle pourra, ayant quelquefois un furieux besoin d'être elle-même protégée. Mais la jonchée des morts s'épaissit et les âmes sorties du tombeau de leurs corps, les pauvres âmes auparavant ténébreuses, sachant enfin pour quoi et pour qui elles ont si sauvagement combattu, ont été flotter là-bas, invisiblement, sur le tertre impérial, autour du Maître visible qui les écarte de la main comme des pensées importunes.

Car il ne tient pas encore la victoire et la victoire lui est nécessaire. La victoire est son Requiem, le repos de son âme à lui, dans ce monde obscur. C'est son pain et son vin, c'est sa demeure et c'est sa lampe. A-t-il donc été créé pour autre chose que la victoire ? Quand un de ses corps vient à reculer, c'est comme s'il était physiquement refoulé par les croupes des chevaux, par la poussée multitudinaire. Mais son visage aussi impassible que le bronze ne laisse rien voir de son tourment. Peut-être même ne souffre-t-il pas, tant son cœur est fort, tant est grande l'impavidité de son génie ! Il souffrira plus tard, sans aucun doute. En ce moment il paraît heureux, il sent sa force. Il se sait tuteur des avortons de la Fortune, il a des arcs-de-triomphe pour l'Incertitude et même pour des désastres éventuels, parfaitement sûr de trouver toujours au fond de lui-même quelque ressource imprévue et foudroyante qui le fera plus puissant.

Alors il regarde, une fois de plus, son champ de bataille et, tranquillement, « il fait trois pas, comme les Dieux ». De toutes ses combinaisons profondes, inefficaces jusqu'ici, jaillit soudain une Manœuvre qui fait penser à Hercule enfant éclaboussant tout le ciel du lait de l'épouse de Jupiter. Murat vient de passer comme un torrent, écrasant toute l'Europe, en une demi-heure, sur quatre kilomètres carrés, et Napoléon n'a plus que quelques marches de ses soldats pour devenir l'Empereur de l'Occident.

« Le sort d'une bataille », disait-il à Sainte-Hélène, « est le résultat d'un instant, d'une pensée. On s'approche avec des combinaisons diverses, on se mêle, on se bat un certain temps ; le moment décisif se présente, une étincelle morale prononce et la plus petite réserve accomplit. »

Il a avoué qu'il fut très profondément ému au spectacle des champs d'Eylau, si rouges de sang que la neige en dut être teintée jusqu'à la fin de l'hiver. Impossible de douter de cette émotion quand on a étudié Napoléon. Il est plus homme que les autres hommes en raison de sa supériorité infinie. Mais cette supériorité même « l'attache au rivage » d'une impassibilité nécessaire à son prestige. « Une particularité », dit Thiers, « frappa tous les yeux. Soit penchant à revenir aux choses du passé, soit aussi économie, on avait voulu rendre l'habit blanc aux troupes. On en avait fait l'essai sur quelques régiments, mais la vue du sang sur les habits blancs décida la question.

Napoléon rempli de dégoût et d'horreur déclara qu'il ne voulait que des habits bleus, quoi qu'il pût en coûter. » Il ne put s'empêcher, malgré tout, de trahir, en cette occasion, le bouleversement de son cœur, dans un de ces Bulletins lapidaires et fatidiques dont il secouait le monde.

Pour qui voit dans l'Absolu, la guerre n'a de sens que si elle est exterminatrice, et l'avenir très prochain nous le montrera. C'est une sottise ou une hypocrisie de faire des prisonniers. Assurément Napoléon ne fut ni un sot ni un hypocrite, mais ce prétendu bourreau était un sentimental toujours prêt à pardonner, un magnanime, croyant quand même à la magnanimité des autres, et on sait ce que lui coûta cette illusion incompréhensible.

A Austerlitz, il laisse la liberté à Alexandre qu'il pouvait faire son prisonnier ; après Iéna, il laisse le trône à la maison de Prusse abattue ; après Wagram il néglige de morceler la monarchie autrichienne, etc. Enfin à Rochefort il se confie à la générosité de l'Angleterre ! Il savait les horreurs des pontons ; il lui eût été facile d'user de représailles en envoyant au bagne, non de pauvres matelots ou soldats, mais toute une élite de la société anglaise détenue en France après la rupture de la paix d'Amiens, expédient terrible et qui eût été probablement plus efficace que le Blocus continental. Il se reprocha plus tard de ne l'avoir pas fait et d'avoir ainsi manqué de caractère.

Il n'était donc pas le monstre qu'il aurait fallu pour la guerre intégrale, apocalyptique, avec toutes ses conséquences, l'abîme de guerre invoqué par l'abîme de turpitude et ce n'est évidemment pas de ce démon qu'il aura été le précurseur.

V. LE GLOBE

Dans son beau livre Napoléon et Alexandre 1er, Vandal racontant le cérémonial napoléonien à Dresde, en 1812, écrit ceci : « Le soir, les souverains se retrouvaient pour le dîner qui avait lieu de fondation chez l'Empereur des Français. On se réunissait à l'avance dans ses appartements.

Là, s'il faut en croire une tradition, dans sa manière d'opérer et de se faire annoncer, Napoléon affectait une simplicité grandiose qui l'isolait de toutes les puissances accourues à sa voix et l'élevait au-dessus d'elles. Ses invités étaient annoncés par leurs titres et qualités. C'étaient d'abord des Excellences et des Altesses sans nombre, Altesses de tout parage et de toute provenance, anciennes ou récentes, Royales ou Sérénissimes, puis les Majestés : Leurs Majestés le Roi et la Reine de Saxe, Leurs Majestés Impériales et Royales Apostoliques, Sa Majesté l'Impératrice des Français, Reine d'Italie.

Lorsque toutes ces appellations sonores avaient retenti à travers les salons, l'auguste assemblée se trouvait au complet et le Maître pouvait venir. Alors, après un léger intervalle de temps, la porte s'ouvrait de nouveau à deux battants et l'huissier disait simplement : l'EMPEREUR ! »

Vingt-huit ans après, à l'Hôtel des Invalides, on attendait la dépouille rapportée de Sainte-Hélène. Aucune majesté ni altesse n'avait été annoncée. Pourquoi seraient-elles venues, n'ayant plus rien à mendier ni à espérer de ce Mort, victime, autrefois, de leur lâcheté ou de leur perfidie ? Depuis le 5 mai 1821, son Europe, d'ailleurs, n'était plus à reconnaître. Les infâmes et ridicules Bourbons dits de la Branche aînée, supplantateurs de sa gloire, avaient été vomis. Les porte-couronnes qui furent ses contemporains ou ses domestiques croupissaient sur terre ou sous terre, et rien ne s'était accompli dans le monde qui méritât quelque attention. Les débris de plus en plus rares de sa Grande Armée étaient mal persuadés de sa fin et se cramponnaient en espérant un autre retour. On ne peut se passer complètement de Beauté et c'était vraiment trop ignoble de subsister dans les ordures légitimes ou illégitimes balayées de toute l'Europe sur la pauvre France à partir de 1815. De tout le cérémonial de 1812, émondé du transitoire, il ne restait que ceci : La porte, quelque temps fermée sur une multitude pantelante et silencieuse, s'ouvrit toute grande et la voix grave d'un vétéran de Wagram ou de Moscou fit entendre ce simple mot : l'EMPEREUR ! On a dit que plusieurs personnes s'évanouirent d'enthousiasme en voyant entrer le cercueil.

Il me semble que cela est plus grand que Dresde et que ce dernier triomphe est incomparable. Ce qui revenait alors, ce n'était pas seulement les reliques infiniment précieuses d'un homme dont la grandeur avait paru égaler celle d'un saint, c'était le Globe impérial dans la main du Maître qui avait été l'âme de la France plus qu'aucun autre héros ou prince, en n'importe quel temps de son histoire.

J'ai dit plus haut que tel était le sentiment profond de ses soldats. Quand ces pauvres gens mouraient en criant : « Vive l'Empereur ! » ils croyaient vraiment mourir pour la France et ils ne se trompaient pas. Ils mouraient tout à fait pour la France, ils donnaient leur vie comme cela ne s'était jamais fait, non pour un territoire géographique, mais pour un Chef adoré qui était à leurs yeux la Patrie même, la patrie indélimitée, illimitée, resplendissante, sublime autant que la grande vallée des cieux et de laquelle aucun savant n'aurait pu leur désigner les frontières. C'était l'Inde et c'était l'immense Asie, l'Orient après l'Occident, le Globe vraiment de l'Empire universel dans les serres terribles de l'Oiseau romain domestiqué par leur Empereur, et leur Empereur, c'était la France, équivoque, énigmatique, indiscernable avant son apparition désormais précise dans sa majesté, irradiante et claire comme le jour, la jeune France de Dieu, la France du bon pain et du bon vin, la France de la gloire, de l'immolation, de la générosité héroïque, de la grandeur sans mesure, de toutes les litanies du cœur et de la pensée !

Stat Crux dum volvitur orbis. C'était bien cela, Napoléon ayant replanté sur ce vieux globe devenu sien la Croix abattue. Volvitur. Où n'avait-il pas roulé depuis Charlemagne ? Combien n'étaient-ils pas ceux qui avaient cru le tenir en leurs mains pleines de poussière ?

Après Louis IV, dit l'Enfant, qui fut, en Allemagne, le dernier Carolingien, il y avait eu la très illustre Maison de Saxe, les trois Ottons magnanimes et Henri le Saint, fleur du Moyen Age à son printemps, puis la cohue des Maisons de Franconie et de Souabe. Il y eut des chefs de ce qu'on nommait le Saint Empire Romain venus de Hollande, de Cornouailles, de Castille même, de Nassau, d'Autriche, de Moravie, du Luxembourg et de la Bavière. Il y eut enfin les Habsbourg à qui Napoléon devait arracher ce magnifique symbole de domination, devenu par eux un emblème d'impuissance ou de turpitude.

Que pouvait-il signifier, d'ailleurs, aux mains gibelines de ces Allemands, le simulacre vénéré de l'omnipotence chrétienne des Constantin et des Théodose ?

11 fallait un Napoléon pour le restituer en sa personne au Monde Latin si longtemps déchu. En sa personne et à jamais. Le Globe impérial est pour toujours dans le grand Tombeau des Invalides où il n'y a place que pour un seul décédé. Nul ne viendra l'y reprendre, fût-ce à la tête de dix millions d'hommes.

« Le désert », dit Las Cases, « avait toujours eu pour l'Empereur un attrait particulier. Il se complaisait à faire observer que Napoléon veut dire Lion du désert. »

En quelle langue ? je l'ignore. Mais il est bien certain que ce mirage de son imagination est une réalité profonde. Lui-même était le désert, faisant autour de lui, vivant ou mort, un désert si vaste que les hommes de toute la terre ne pourraient pas le remplir et que leur multitude y paraîtrait comme rien, sous l'œil de Dieu, dans le silence de l'espace.

VI. LES ABEILLES

« Le 27 mai 1653, près de Tournai, dans cette partie des Pays-Bas que la France, depuis si longtemps, enviait à l'Espagne, on découvrit le tombeau authentique de Childéric Ier. Les magistrats eurent grand peine à prendre possession des objets dont les assistants avaient rapidement enlevé une partie déjà. De deux cents bijoux singuliers qui avaient été vus lors des fouilles, restait une trentaine environ. C'étaient des abeilles d'or, aux ailes garnies d'un verre rouge monté en cloisonné. Le petit anneau de métal que quelques-unes avaient conservé indiquait qu'elles avaient dû être attachées à une étoffe. Un savant déclara qu'elles avaient orné le manteau du roi, soutenant que les fleurs de lys du blason de France n'auraient été qu'une déformation de ces abeilles. Or, Napoléon Ier qui aimait à parler de ses plus lointains prédécesseurs et qui voulut, le jour de la distribution des aigles à Boulogne, s'asseoir sur le trône de Dagobert, s'était intéressé aux reliques de Childéric. Par ses ordres les abeilles du tombeau de Tournai furent imitées pour remplacer sur le Manteau du

Sacre impérial le semis de fleurs de lys qui avait décoré le manteau des rois capétiens. Singulière fortune de cet ornement mérovingien [1]. »

Après quatorze siècles, il n'y a pas grand chose à dire de ce père de Clovis que fut Childéric Ier. Tout ce qu'on sait de lui, c'est qu'il scandalisa les Francs « par sa luxure', ce qui ne devait pas être facile, et que ces chastes barbares l'ayant expulsé pour quelque temps, le remplacèrent par le général romain Egidius. On sait aussi, d'après le bon saint Grégoire de Tours, que la reine Basine l'épousa « pour son mérite et son grand courage ».

Dagobert est sans doute plus intéressant et on arrive à comprendre que Napoléon ait eu le désir de s'asseoir sur le trône millénaire et inconfortable de ce grand mérovingien. Mais Childéric avait pour lui, à ses yeux, d'avoir été, à peu près, le plus ancien roi de France et aussi, d'avoir été retrouvé dans son tombeau avec des abeilles d'or mêlées à sa très ancienne poussière. Il y avait encore ceci, très certainement, que les abeilles devaient convenir à son âme de latin, beaucoup plus virgilienne au fond que cornélienne, malgré son goût décidé pour la draperie tragique.

Saint Bernard, je crois, comparait, avec plus d'agrément que de profondeur, Jésus-Christ, en tant que roi, à une abeille « ayant le miel de la miséricorde et le dard de la justice ». Mais saint Bernard ne prévoyait pas Napoléon et Napoléon, assurément, ne lut jamais saint Bernard.

La célèbre parabole du lion de Samson, faiblement répercutée dans la fable des taureaux d'Aristée, lui allait mieux et lui était, je pense, moins inconnue.

Quoi qu'il en soit, les abeilles du fils de Mérovée lui plurent et il les porta sur ses épaules, à travers le monde en feu, jusqu'au jour où ces mouches irritées enfin contre leur maître et traîtresses autant que les hommes, le transpercèrent. Elles moururent, il est vrai, en même temps que lui, et la même expérience tentée par son neveu, six lustres plus tard, ne parut pas moins funeste.

Car c'est un danger terrible que de toucher aux symboles. « Devine ou je te dévore [9], semblent-ils dire comme le Sphynx aux voyageurs assez audacieux pour s'aventurer sur la route de Thèbes, capitale énigmatique de la Béotie. C'est un chemin qu'il faut éviter quand on n'y est pas, ainsi que le premier Napoléon, poussé invinciblement.

Dieu me préserve de tenter une explication quelconque. Les abeilles du manteau impérial sont aussi mystérieuses pour moi qu'elles durent l'être pour le poussiéreux Childéric et pour Napoléon lui-même, aussi parfaitement indevinables que les énigmes de Salomon ou les paraboles de l'Evangile. Il suffit d'espérer avec certitude que nous saurons un jour ce qu'elles furent dans la destinée du grand Empereur et dans celle de notre vieux monde qui ne s'arrête pas de descendre dans les ténèbres depuis qu'il a disparu.

VII. L'ESCABEAU

« La terre est un homme », a dit je ne sais quel philosophe mystique. Cette parole étrange me revient tout à coup en songeant, une fois de plus, au Globe impérial que je vois toujours accourant du fond des siècles, pour se placer enfin dans la main de Napoléon. Ce globe naturellement exprime la sphère terrestre, image renversée de la sphère céleste où elle paraît n'être qu'un point tout à fait imperceptible. Mais l'Espace aussi bien que la Quantité n'est qu'une illusion dans notre esprit. Le Nombre n'est que la multiplication indéfinie de l'Unité primordiale et rien de plus. Il est donc probable et même certain que la minuscule terre, si vaste pour les pauvres humains forcés de la parcourir, est, en réalité, plus grande que tout, puisque Dieu s'y est incarné pour sauver jusqu'aux astronomes.

Cette Incarnation n'est pas seulement un Mystère, ainsi qu'on l'enseigne, elle est le centre de tous les mystères. Omnia in IPSA. constant. Quand on lit que le Fils de Dieu, son Verbe, « a été fait chair », c'est exactement comme si on lisait qu'il a été fait terre, puisque la terre est la substance de la chair de l'homme. Mais Dieu, prenant la nature humaine, a opéré nécessairement selon sa nature divine, c'est-à-dire d'une manière absolue, devenant ainsi plus homme que tous les hommes formés de terre, devenant lui-même la Terre au sens le plus mystérieux, le plus profond.

Lorsqu'on nomme la terre, c'est donc le Fils de Dieu, le Christ Jésus lui-même qu'on nomme, et c'est à décourager toute constance exégétique de découvrir que le mot terra est écrit beaucoup plus de deux mille fois dans la Vulgate, pour ne rien dire du mot humus, invocateur et synonyme d'homo qu'on y peut lire exactement quarante-cinq fois.

Remplis de ces pensées, ouvrez le Saint Livre et vous aurez comme le déchirement du voile de l'Abyme. Vous serez aussitôt le témoin bouleversé des épousailles du Ravissement et de l'Epouvante. Vous ne saurez plus, vous n'oserez plus parler. Vous n'oserez plus cracher sur la terre qui est la Face de Jésus-Christ, car vous sentirez que cela est vraiment ainsi. Quand vous lirez, par exemple, dans saint Jean, que Jésus « écrivait du doigt sur la terre », en présence des Scribes et des Pharisiens accusant son Epouse à lui, l'église pour laquelle il devait mourir,, d'avoir été « surprise en adultère », vous sentirez peut-être, avec une émotion inconnue, que ce Rédempteur écrivait sur sa propre Face, du même doigt qui avait guéri les aveugles et les sourds, la condamnation silencieuse des implacables et des imbéciles. « Celui qui est issu de terre, est de terre et parle de la terre », avait dit son Précurseur, et c'est pour cela que le Maître s'exprima toujours en paraboles et similitudes. On ne finirait pas, s'il fallait d'une main tremblante et le cœur battant comme les cloches de l'Epiphanie, dérouler toutes ces concordances du Texte saint.

Alors un respect sans bornes serait dû à cette terre miraculeuse, inexprimablement souillée par tous les peuples depuis tant de siècles et si cruellement déshonorée aujourd'hui par les industries avaricieuses qui la dépouillent de tout son décor, après l'avoir violée jusqu'en ses entrailles. Mais toute la malice des démons ne l'insultera pas plus que la Face du Rédempteur ne fut insultée. On a beau la vendre ou l'échanger avec injustice et par les détours de la cupidité la plus ignoble, cela ne fera jamais une équivalente qualité d'outrages. Quelque dévastée que puisse être la face visible de notre globe, on ne le dépouillera pas cependant des trésors cachés de la colère de Celui dont il est l'image et on n'éteindra pas non plus la fournaise immense de son cœur.

« Quand je serai élevé de terre », dit le Maître, a j'attirerai tout à moi. » On a voulu que cette prédiction spirituelle se réalisât dans le monde visible et ceux qui étaient, pour un temps, les souverains de ce monde, sans savoir ce qu'ils tenaient dans leurs mains de boue, plantèrent la Croix sur leur globe pour attirer tout à eux. Ce fut la déception séculaire jusqu'à Napoléon qui en devait être, par décret divin, la dernière et la plus haute victime.

Rien de pareil n'existe plus et ne peut plus exister, le seul être en qui toutes choses parurent, un moment, avoir leur consistance, Napoléon le Grand ayant été englouti à son tour. Jamais roi ni empereur n'avait fixé sur la terre un regard si pénétrant, si attentif. Jugeant peut-être qu'elle lui ressemblait, avec ses volcans et ses océans, il considéra sa détresse, l'horreur de ses plaies, ses meurtrissures, ses cicatrices, sa lividité mortelle, observa même le commencement de son agonie.

Médecin plus que téméraire, il entreprit de la guérir, de renouveler cette face moribonde en lui infusant une vie nouvelle. Il ne parvint qu'à la couvrir de sang et c'était sans doute la seule chose qu'il y eût à faire, puisqu'elle paraît avoir profité de ces soins terribles. Encore après cent ans elle n'a pas fini de mourir. Ses funérailles ont été décommandées, mais la Croix neuve que Napoléon lui avait donnée tombe en poussière et l'idée même du Globe s'efface, la sphéricité de la terre étant contestée par des savants qui lui attribuent je ne sais quelle autre forme géométrique.

Quand viendra-t-il, Celui-là qui doit venir et qui ne fut, sous Napoléon, que pressenti par le tremblement universel des peuples ? Il viendra, sans doute, en France, comme il convient, Notre-Dame de Compassion ayant pleuré à la Salette en parlant de Lui. Il viendra pour Dieu ou contre

Dieu, on n'en sait rien. Mais il sera certainement l'Homme attendu par les bons et par les méchants, Missionnaire surnaturel de joie et de désespoir que tant de prophètes ont annoncé, que les cris des bêtes craintives ou féroces ont prévu, aussi bien que le chant limpide ou mélancolique des oiseaux, la clameur des gouffres ou l'épouvantable exhalaison des charniers, depuis la Désobéissance du Patriarche de l'Humanité.

Ce jour-là on saura enfin la vraie forme de la terre et pourquoi elle se nomme l'Escabeau des Pieds du Seigneur.

VIII. LA TIARE

« Nous voulons bien aller jusqu'aux portes de l'enfer, mais nous entendons nous arrêter là. » C'est en ces termes que le douloureux Pie VII parlait du Concordat de 1801, stipulation terrible où l'avait contraint la nécessité de ne pas laisser périr tout à fait la pauvre flamme de ce dernier luminaire du monde qui était la France.

Il avait même fallu, tant la répugnance était grande, l'ascendant surnaturel de Napoléon sur ce vieux pontife doux et timide qui parut voir en lui un peu plus qu'un homme de qui les pires traitements ne parvinrent pas à décourager son affection. Car le pouvoir d'ensorcellement de ce vainqueur est l'occasion d'un étonnement à n'en jamais revenir. C'était tout simple qu'il fût adoré de ses soldats dont il centuplait le cœur et qu'il associait chaque jour à la plus inondante gloire.

C'était la chose la plus explicable que les ministres de sa puissance, les fonctionnaires innombrables de son empire fussent éblouis de tant de prodiges qu'ils lui voyaient opérer. Les souverains eux-mêmes, ses adversaires ou ses rivaux, si souvent vaincus et humiliés, ne pouvaient se défendre de l'admirer en tremblant. Il sortait de lui, pour prendre les âmes, des millions de mains.

Mais le Vicaire de Jésus-Christ, était-ce possible ? Pontife et Docteur suprême, infiniment élevé au-dessus de tous les hommes, non par nature ou culture, mais par magistère et ordonnance de Dieu ; Primat d'honneur et de juridiction dans l'église universelle, Pierre fondamentale et Porteur des Clefs, sans supérieur ni égal sur terre ; infaillible et sublime Juge ne pouvant être jugé lui-même ni déposé par personne ; est-il croyable que Pie VII, nullement indigne successeur de tant de saints Papes, n'ait pu échapper à ce prestige ? Et pourtant cela est certain. Pie VII aima Napoléon d'un amour de prédilection, le plaçant dans son cœur au-dessus des autres princes, au point d'encourir le reproche de partialité, pratiquant ainsi une sorte de népotisme en faveur du conquérant de l'univers, comme s'il eût été son fils le plus proche. Même quand il lui fallut souffrir de cette main et souffrir jusqu'à l'agonie, sa tendresse pour le prodigue parut augmenter. Toutefois l'Empereur ne put obtenir qu'il prévariquât, ne fût-ce que dans la forme, en 1813, lors de ce postiche et subreptice concordat signé par un septuagénaire éperdu, presque moribond, qui revint à lui, aussitôt après ; concordat de nulle valeur et ne subsistant dans les papiers de l'histoire que comme une preuve de la violence morale exercée par Napoléon contre son captif.

« Nous avons tout fait », avait dit le Pape, en 1807, avant la rupture, « pour qu'il existât une bonne correspondance et concorde ; Nous sommes disposé à faire encore ainsi pour l'avenir, pourvu qu'on maintienne l'intégrité des principes à l'égard desquels Nous sommes irrémovible. Il y va de Notre conscience et sur cela on n'obtiendra rien de Nous, quand même on Nous écorcherait, ancor chè ci scorticassero. » Cette fermeté si simple exaspéra l'empereur qui ;devint » un moment, prophète contre lui-même. Il y avait menace d'excommunication. « M'excommunier ? » écrivit-il, le 22 juillet, au vice-roi d'Italie, « Pie VII pense-t-il que les armes tomberont des mains de mes soldats ? » Il s'en fallait de cinq ans et trois mois, exactement, pour atteindre octobre 1812.

Le grand soldat voulait tellement l'empire du monde qu'il en avait l'intelligence obscurcie au point de ne plus comprendre qu'une consigne ne doit pas plus être transgressée par un pape que par un grenadier et qu'il y a des choses inexigibles. « Le Pape règne sur les esprits et je ne règne que sur la matière », criait-il dans son désespoir. CI Les prêtres gardent l'âme et me jettent le cadavre. » Quels éclairs dans la nuit de ce grand homme et combien en vain ! Il s'acharnait à méconnaître le point où doit s'arrêter l'exigence de la force. Pouvait-il ignorer cependant que, dans l'ordre naturel, la puissance agissant à l'excès, crée elle-même et trouve à la fin une résistance qu'elle ne peut plus vaincre ?

Absurdement effrayé des prétendues attaques du Saint-Siège qui ne faisait que se défendre, Napoléon prit le parti déplorable de l'enlèvement. Le Pape, quoique profondément malheureux d'avoir à punir, répondit par l'excommunication qu'il rétracta un peu plus tard, quand la protection divine parut se retirer de son ennemi que cette formidable sentence empêchait, dit-on, de dormir.

Il y a eu d'autres pontificats aussi agités que celui de Pie VII, mais aucun ne put procurer au titulaire une aussi plénière amertume. La croix infligée par Napoléon était incomparablement plus dure et plus pesante que toutes les autres. C'était la croix du génie, la croix de l'héroïsme, la croix d'une gloire militaire qui n'avait jamais eu d'égale, la croix de la grandeur humaine hors de mesure, la croix de toute préfiguration terrestre, la croix d'honneur !

L'infortuné Pontife écrasé auparavant du poids de ses Clefs dut porter encore ce fardeau. Il dut le porter quinze ans et c'est un miracle qu'il n'y ait pas succombé.

Son prédécesseur immédiat, Pie VI, le pape de la Révolution, avait eu la vie très rude et il lui avait fallu mourir en exil, non loin de la Salette, ayant entendu crouler autour de lui tout l'ancien monde.

Longtemps avant qu'éclatât la révolution, c'était déjà un tourment que de gouverner l'univers chrétien. a Hélas ! » disait Pie VII, pape du Consulat et de l'Empire, « Nous n'avons de vraie paix et de vrai repos que dans le gouvernement des catholiques sujets des infidèle soudes hérétiques.

Les catholiques de Russie, d'Angleterre, de Prusse ou du Levant ne Nous causent aucune peine. Ils demandent les bulles, les directions dont ils ont besoin et ils marchent, après cela, de la manière la plus tranquille suivant les lois de l'église.

Vous connaissez tout ce que notre prédécesseur a eu à souffrir des changements opérés par les empereurs Joseph et Léopold. Vous êtes témoin des assauts qui Nous sont livrés tous les jours par les cours d'Espagne et de Naples. Rien de si malheureux aujourd'hui que le Souverain Pontife.

Il est gardien des lois de la Religion, il en est le Chef-suprême ; la Religion est un édifice dont on veut bouleverser toutes les parties en disant qu'on la respecte. On croit avoir besoin de Nous pour opérer sans cesse des subversions et on ne considère pas que c'est Notre conscience et Notre honneur qui se refusent à tous ces changements. On repousse avec humeur, avec colère, Nos objections ; les demandes Nous arrivent presque toujours accompagnées de menaces. » Et l'ambassadeur français, le spirituel Cacault, rapportant ces doléances dans une dépêche au Premier Consul, ajoutait audacieusement : « Il n'y a pas de fétiche qui ait été aussi battu et maltraité par son nègre que le Saint-Siège, le Pape et le Sacré Collège l'ont été, depuis dix ans, par les fidèles catholiques. »

Mais qu'étaient toutes les antérieures tracasseries ou chicanes, remontant au moins à François Ier, comparées au zèle du « dévot fils » Napoléon écrivant au Pape, en février 1806, la lettre inouïe où il se déclare Empereur de Rome et qu'on pourrait ainsi résumer : « Je prends plus soin de la religion que vous-même ; vous la laissez en souffrance, regardez-moi faire ; je serai plus sage, plus habile, plus pieux même que vous qui laissez périr les âmes »(!- !!) La dévorante activité de ce soldat qui ne savait rien du gouvernement de l'église, ne pouvait admettre ni concevoir la lenteur des décisions romaines et une impatience furieuse l'agitait aussi souvent sur son trône que dans les camps. Pie VII essaya en vain de lui expliquer que la vélocité dans les affaires ecclésiastiques, c'est la prévarication. Bientôt il n'y eut plus moyen de s'entendre, aucun accord durable n'étant possible entre ces deux hommes, l'un tenant le Glaive immense, mais d'un seul jour, l'autre présentant la Loi divine sans fin ni vicissitudes.

C'est de très bonne foi qu'au début de sa grandeur, Napoléon voulut guérir les plaies de l'église, de la Terre entière, ainsi que je l'ai déjà dit, et qu'en 1806 et plus tard, il y prétendait encore. Mais l'Absolu est incompatible et cet absolu qui était dans la volonté de l'Empereur ne put jamais faire tourner les Clefs de l'Arche sacrée où résidait, sous l'œil du Pape, l'absolu de la Volonté divine.

Le premier dissentiment grave est le refus de prononcer la nullité du mariage protestant du prince Jérôme. A cette occasion Pie VII prend la peine, bien inutile quant à ses effets, d'écrire une longue lettre d'une sérénité angélique, digne en tous points des plus saints Docteurs. Un peu plus tard, c'est l'occupation d'Ancône, au mépris de la neutralité pontificale, premier symptôme de la rage de dépossession. Le Pape se plaint de cette injustice avec une douceur apostolique et paternelle qui n'a d'autre effet que d'endurcir le cœur de Pharaon. Alors il n'y a plus rien à faire. L'Eglise privée de son Chef est forcée d'attendre, en souffrant et en gémissant, que le grand vainqueur succombe.

Le prodigieux homme d'Iéna et de Lobau qui avait besoin de son Blocus continental pour préfigurer le Diable ou le Saint-Esprit, alla, sans que le fond de son cœur y fût peut-être pour rien, jusqu'à cette extrémité de l'oppression où il devient inévitable que soient rompues les digues des cieux. « Défense est faite au Pape Pie VII de communiquer avec aucune église de l'Empire, sous peine de désobéissance. » Cette contre-excom-

munication politique, si semblable à une injonction de police, fut noti-
fiée au Captif le i4 janvier 1811.

Le 19 mars suivant, date infiniment remarquable, naissait le Roi de
Rome. Le Patriarche de l'Obéissance dont c'était la fête et qu'un autre
Pape a proclamé le Patron de l'église universelle, reçut donc dans ses
bras ce pauvre enfant du plus grand des hommes et, comme il était aussi
le Patron de la bonne mort, il le restitua le plus tôt qu'il put à son vrai
père, l'Empereur des mondes.

En 1809, peu de jours après l'enlèvement, Pie VII, traîné de ville en ville,
passait par Grenoble. Là les deux seules résistances insurmontables que
Napoléon trouvât sur le continent, le Saint-Siège et l'Espagne, se ren-
contrèrent. Les prisonniers de Saragosse étaient à Grenoble. A l'arrivée
du Chef de l'église, tous se précipitèrent, s'agenouillant à ses pieds, et la
ville entière les imita. Napoléon, alors sur le Danube, sentit peut-être
passer un nuage. Son « étoile » pâlissait. On avait, quelque temps, cessé
de l'apercevoir à Baylen et à Cintra ; elle avait failli s'éteindre à Essling,
cette étrange étoile qui l'aurait peut-être conduit à Bethléem, s'il avait su
s'agenouiller une seule fois comme ses vaincus, et qui le conduisit à
Sainte-Hélène, la mère de Constantin lui ayant préparé là une tombe so-
litaire où la croix d'espérance, accordée aux plus humbles naufragés de
l'Océan, ne fut point admise.

Tout cela semble, aujourd'hui, fameusement loin. Les jugements des
hommes ont remplacé leurs colères, mais on ne voit pas encore, chez les
historiens, un discernement supérieur des magnifiques événements du
premier Empire. Nul ne s'est avisé de ceci qu'alors il se passait entre les
deux plus grandes puissances, les seules en réalité, Dieu et César,
quelque chose d'ineffable et ne pouvant être comparé qu'à l'une ou
l'autre de ces paraboles ou préfigurations prophétiques de l'Ancien Tes-
tament répercutées avec mystère à toutes les pages du Nouveau.

Ici le cœur et la voix défaillent. On ne sait plus ce qu'il faut dire ou ne
pas dire.

Voici, par exemple, Moïse, l'immense Chef du Peuple de Dieu, à qui le Seigneur « parlait face à face, comme un homme a coutume de parler à son ami ». En punition de ses plaintes le Peuple de Dieu est affligé cruellement. Moïse prie et le Seigneur lui commande de dresser un serpent d'airain dont la seule vue guérira tous ceux qui le regarderont. Ce serpent signifierait donc à la fois l'antique Ennemi des hommes et leur Sauveur ; c'est la figure du Tentateur sur la Croix de Rédemption, et celui qui instaure ce Signe effrayant et salutaire, c'est l'obéissant Vicaire de Dieu dans le désert, le prédécesseur incontestable du Vicaire de Jésus-Christ, en ces temps lointains. Ne serait-ce pas là, j'ose à peine l'écrire, à la distance de quarante siècles, une merveille symbolique analogue au SACRE de Napoléon par Pie VII, sacre d'un usurpateur si souvent comparé à l'Antechrist, pour que fût présenté au monde expirant un signe tel quel de l'espérance d'une guérison miraculeuse ? Avec un peu d'audace, on pourrait aller jusqu'à dire que ce sacre pour lequel fut tant blâmé le très doux Pontife, était peut-être, dans la pensée de ce confident de la Charité divine, comme l'Extrême-Onction administrée à une Europe très malade et condamnée par les plus savants docteurs.

Enfin, il y a ces deux Ames : l'âme centrale ai démesurée de l'unique Napoléon, d'un côté ; de l'autre, l'âme de la Papauté impérissable. Qui donc y pense et qui oserait soutenir, après cent ans, qu'il y eut vraiment antagonisme ? Dieu avait voulu Napoléon, comme il avait voulu tous les papes, comme il avait voulu son Eglise.

Il fallait bien qu'ils subsistassent ensemble et dans un certain accord, à quelque prix que ce fût ; l'un pour creuser jusqu'au fond l'abîme entre l'ancien monde et le nouveau, l'autre pour dire à tous les peuples : «Voici le Délimitateur ! Sa main est dure et son pied pesant ; mais Celui que je représente a voulu qu'il en fût ainsi et non autrement. Si je souffre par lui ce sera dans la certitude infinie et perdurable d'avoir fait ce qu'il y avait à faire, à tel moment, pour Dieu et les hommes. Si ce prédestiné me brise, il ne le pourra pas sans s'être auparavant déraciné lui-même.

Mais la Tiare que j'ai l'honneur de porter après tant d'autres, n'en sera pas rompue.

Reconnaissez donc en lui et en moi la Volonté du Père céleste s'accomplissant sur la terre en même temps qu'au plus haut des cieux. »

IX. LE CHANCRE

Napoléon, à Sainte-Hélène, a condamné lui-même son entreprise d'Espagne. « Cette malheureuse guerre m'a perdu, elle a divisé mes forces, attaqué ma moralité en Europe. J'embarquai fort mal l'affaire, je le confesse ; l'immoralité dut se montrer par trop patente, l'injustice par trop cynique et le tout demeure fort vilain, puisque j'ai succombé. Car l'attentat ne se montre plus que dans sa hideuse nudité, privé de tout le grandiose et des nombreux bienfaits qui remplissaient mon intention. Bayonne ne fut pas un guet-apens, mais un immense coup d'Etat. J'osai frapper de trop haut. Je voulus agir comme la Providence. »

Comme la Providence ! Tout Napoléon est là. Se sentant confusément appelé à préfigurer Celui qui doit renouveler la face de la terre, il se crut désigné pour opérer lui-même ce renouvellement et beaucoup le crurent avec lui. C'est ainsi qu'il put être, dix ans, l'arbitre et le pétrisseur de l'Europe. Sans ce préjugé, ses batailles merveilleuses n'auraient pas suffi. Mais il y eut l'Espagne qui ne voulut pas se laisser pétrir et le Cromwell des monarchies européennes rencontra son grain de sable dans cet uretère du vieux monde.

Cette Espagne de granit et de guitares était un pays étrange qui avait beaucoup à expier. Infidèle à ta mission de christianiser l'Amérique, elle avait détruit férocement des peuples entiers. L'or inique de ses galions de torture et de désespoir avait, depuis longtemps, pourri son cœur et liquéfié son cerveau. Ses rois catholiques, les plus riches de la terre, disait-on, étaient là, comme le soleil ridicule des Bourbons, sur quelques millions de mendiants superbes et rongés par la vermine. La religion, transvasée des sublimes cœurs de sainte Thérèse et de saint Jean de la Croix dans des âmes voluptueuses ou sauvages courbaturées par le fétichisme de la dévotion la plus matérielle, était devenue hideuse.

Nul contact avec aucun autre peuple sinon, par force, avec le Portugal détesté qui lui barrait l'Atlantique, l'empêchant d'apercevoir, au delà de cet océan, le Continent d'or. Privée pour toujours, depuis Utrecht, de ses anciennes possessions en Italie et aux Pays-Bas ; recluse derrière les Pyrénées que croyait avoir abattues Louis XIV ; durement éperonnée à Gibraltar par l'hérétique Angleterre ; cette dominatrice d'une moitié du globe, deux siècles auparavant, subsistait désormais comme une pauvresse farouche et inabordable dans l'échiquier de ses montagnes où ne pénétraient pas les idées nouvelles.

Dans les villes, il y avait encore, çà et là, quelques hommes capables de voir que leur monarchie était une ordure et de sentir que quelque chose de nouveau commençait. Ils payèrent, d'ailleurs, d'un très haut prix cette clairvoyance, ayant été fort inhumainement égorgés par leurs propres concitoyens, dès les premiers jours. Mais le peuple des campagnes ne vit rien et ne sentit rien, sinon qu'on allait peut-être le traiter comme ses ancêtres avaient traité les aborigènes du Nouveau Monde si vainement confiés à la charité de la catholique Espagne par le très doux Messager du Rédempteur, Christophe Colomb. Alors ce fut une guerre de démons.

Il y eut cependant une différence très appréciable et je demande à toutes les Espagnes la permission de l'exprimer. Les soldats français, au début et quand l'accueil à coups de couteaux ne les avait pas encore enragés, étaient vraiment les naïfs illusionnés de 89, croyant apporter partout la délivrance et fraterniser avec tous les peuples, illusion aussi bête que l'on voudra, mais certainement généreuse, qu'il est équitable d'opposer à l'individualisme ombrageux de l'Espagne autant fermée que la Chine à toute ingérence étrangère et profondément indifférente au malheur comme à la prospérité des autres habitants du globe.

De 1808 à 1814, on se massacra, on se supplicia infernalement et cette guerre ne put finir qu'à la fin du grand empire.

Trois cent mille Français jetés par Napoléon sur ce malheureux royaume donné par lui à un imbécile frère, le parcoururent dans tous les sens, détruisant hommes et choses, brûlant, pillant, égorgeant, violant et profanant, en représailles des plus affreuses cruautés. Plus de deux cent mille combattants espagnols y restèrent, et des soldats de l'empereur combien en revint-il ? Les chiffres connus sont à faire trembler. Rien qu'à Saragosse, un rapport du maréchal Lannes accuse avec horreur plus de soixante mille morts ennemis !.

On a demandé souvent pourquoi le grand vainqueur, disponible après Wagram, ne revint pas en Espagne pour en finir. Il est bien certain que Wellington n'aurait pu tenir devant lui et qu'ensuite il n'aurait pas eu besoin de courir sur le Niemen et à Moscou. Mais cela, c'est le mystère, à chaque instant rencontré, dans la vie de Napoléon. Obéissant à son implacable destin de prototype ou de parangon, il fallait que le monstre d'activité devînt inerte à ce moment-là pour que s'accomplît le châtiment des uns et des autres. Il fallait aussi que se consommât le désespérant mariage autrichien et qu'ainsi fut assurée la rupture avec les Barbares du nord.

La capitulation ignominieuse de Baylen avait eu lieu dans le voisinage de Las Navas de Tolosa, champ de bataille glorieux pour les Espagnols depuis environ cinq siècles, et on sait combien cet inespérable triomphe les exalta. Ce fut le premier coup.

L'Europe comprit que le colosse, ne paraissant plus invincible, était ébranlé et lui-même sentit que la terre se lassait de le porter. Sa toute-puissance, quoique donnée d'en haut, était si humaine, si fragile ! Comment aurait-il pu ne pas le voir ? Assurément, il ne se savait pas un instrument, rien qu'un instrument magnifique pour l'ostension d'une parabole divine. Toutefois il dut avoir l'intuition d'un premier avertissement redoutable et l'entrevue d'Erfurt, aussitôt après, le « parterre de rois », comme il disait, ne dut pas beaucoup l'enivrer.

Son unique apparition en Espagne, si malencontreusement abrégée par les armements de l'Autriche, n'avait rien terminé. La conquête de cette péninsule de malheur fut confiée à des lieutenants inhabiles ou infidèles qui ne surent ou ne voulurent jamais se concerter et qui, d'ailleurs, eussent toujours été condamnés d'avance à l'insuccès par l'étonnante impéritie d'un roi fictif. Ce furent les pauvres soldats qui payèrent effroyablement.

On a beaucoup parlé du patriotisme des Espagnols, du réveil d'un peuple. Que n ?a t-on pas déclamé sur ce lieu commun ?

C'est comme si on parlait du patriotisme des Vendéens qui combattaient uniquement pour leurs prêtres ! Quel lien pouvait exister, dans cette nation essentiellement provinciale et paroissiale, entre les paysans sauvages de la Manche ou les toreros de l'Andalousie et les montagnards des Asturies, par exemple, ou les farouches bouviers de l'Aragon ! Nul autre, sans doute, que la religion étroite et forcenée, mais identique partout, qu'ils tenaient de leurs capucins ou de leurs curés. C'était assez pour éterniser une guerre diabolique.

Si Napoléon ne comprit rien à ce caractère profond de l'Espagne, qu'est-ce que ses malheureux soldats, élevés dans l'ignorance ou le mépris de toute pratique religieuse, auraient bien pu y comprendre ?

Le vainqueur des rois, habitué jusqu'alors à recevoir les clefs des empires ou des capitales, après des victoires décisives, s'étonna d'un peuple incapable de capituler, insaisissable toujours et ne voulant savoir de la guerre que l'embuscade perpétuelle et l'échange continu des atrocités.

Cette évidence le dégoûta et il laissa les choses aller comme elles pourraient, espérant peut-être la lassitude, sacrifiant ainsi la moitié de ses belles armées, essayant d'oublier la plaie horrible de ses pieds pour ne songer qu'à la couronne de tous les Césars qu'il pensait affermir sur sa tête en feu. Il n'y a pas dans toute l'histoire une page plus douloureuse. Les calamités inexprimables qui vinrent après n'ont pas eu cet aspect de noirceur tragique, cet abominable aspect de déloyauté sanguinaire et de fratricide fureur.

« Ce chancre d'Espagne sur lequel il n'y avait pas à revenir », disait l'Empereur mourant et captif, « .cette funeste guerre de Russie,-cette effroyable rigueur des éléments. et puis l'univers entier contre moi !. 0 destinée des hommes ! »

X. L'ILE INFAME

« L'Angleterre trafique de tout » ; disait, avec une amère bonhomie, l'auguste prisonnier de lord Bathurst et d'Hudson Lowe, « que ne se met-elle à vendre de la liberté ? » Il faut croire que cette marchandise lui manquait et qu'elle lui manquera toujours.

Que n'a-t-on pas dit de la liberté anglaise ? Autre lieu commun tout à fait classique. Et quelle est la nation plus esclave de ses préjugés religieux ou politiques, de ses institutions, de son pharisaïsme diabolique, de son orgueil insurmontable et sans pitié ? Autant parler de la liberté de Carthage où on crucifiait les lions, c'est-à-dire les citoyens qui méprisaient le commerce, ou de la liberté de Rome où les débiteurs insolvables devenaient, en vertu des lois, esclaves de leurs créanciers. L'hypocrisie romaine, qui n'a pu être surpassée que par l'hypocrisie britannique, avait bâti un temple à la Liberté sur le mont Aventin. On y déposait les archives de l'Etat. La Déesse y était représentée comme une femme vêtue de blanc, symbole d'innocence, ayant à ses pieds un chat, animal ennemi de toute contrainte.

L'Angleterre a remplacé ce félin perfide par un léopard et c'est, à peu près, toute la différence.

Au gouvernement des intérêts dynastiques, dominante préoccupation des rois de France et surtout de Louis XIV, prédécesseur moléculaire de Napoléon, s'oppose, dans cette nation aussi moderne par la bassesse de ses convoitises qu'elle est antique par sa dureté à l'égard des faibles le gouvernement exclusif des intérêts mercantiles. Car telle est la honte et la tare indélébile de l'Angleterre. C'est une usurière carthaginoise, une marchande à la toilette politique, son isolement insulaire lui permettant, disait Montesquieu, « d'insulter partout » et de voler impunément.

La fameuse Rivalité traditionnelle n'est pas autre chose que l'antagonisme séculaire d'un peuple noble et d'un peuple ignoble, la haine d'une nation cupide pour une nation généreuse.

« L'idée d'anéantir l'Angleterre B, fait remarquer Sorel, « était en France une idée courante à la fin de l'ancien régime, on la trouvait simple et naturelle, on la discutait sérieusement. Les archives sont remplies de projets de descente. » Napoléon pensait et disait que la nature a fait de la Grande-Bretagne une de nos îles. A Boulogne, sans doute, il la voyait découpée en une quarantaine de départements français, avec une autonomie éventuelle pour l'Irlande et peut-être pour l'Ecosse. Son plan d'invasion fut bien près de réussir et l'Angleterre qui en crevait de peur, devenue prodigue magiquement, se hâta de lui jeter dans le dos les armées de l'Autriche et de la Russie.

Car la vieille gueuse, Old England, à défaut du jeune Empire qu'elle ne pouvait mettre à ses vieux pieds, était réduite à s'offrir, argent comptant, des consolateurs ou des souteneurs plus mûrs qui ne furent pas très loin de la ruiner. On ne parla plus que d'argent, l'Europe devint un marché de sang humain où l'Acheteuse fut souvent trompée sur la qualité des globules ou la quantité de l'effusion. La décevante paix d'Amiens n'avait été qu'une halte de quinze mois, un chômage inaccoutumé de l'homicide. Les affaires interrompues reprirent leur cours et l'Angleterre fut plus esclave que jamais de son comptoir.

J'ai essayé de le montrer ailleurs, l'abjection commerciale est indicible. Elle est le degré le plus bas et, dans les temps chevaleresques, même en Angleterre, le mercantilisme déshonorait. Que penser de tout un peuple ne vivant, ne respirant, ne travaillant, ne procréant que pour cela ; cependant que d'autres peuples, des millions d'êtres humains souffrent et meurent pour de grandes choses ? Pendant dix ans, de 1803 à 1813, les Anglais payèrent pour qu'il leur fût possible de trafiquer en sécurité dans leur île, pour qu'on égorgeât la France qui contrariait leur vilenie, la France de Napoléon qu'ils n'avaient jamais vue si ! grande et qui les comblait de soucis.

« Cinq cents ans de rivalité ont rendu personnelle à chaque particulier l'émulation qui aiguillonne les deux peuples. La France est dans la position de l'ancienne Rome relativement à Carthage entre la seconde et la troisième guerre punique.

L'Angleterre est l'ennemie naturelle de la France ; elle est une ennemie avide, ambitieuse, injuste et de mauvaise foi. L'objet invariable et chéri de sa politique est, sinon la destruction de la France, du moins son abaissement, son humiliation et sa ruine. Cette raison d'Etat l'emporte toujours sur toute autre considération, et lorsqu'elle parle, tous les moyens sont justes, légitimes et même nécessaires pourvu qu'ils soient efficaces. » Justa quibus necessaria. Ainsi s'exprimaient des publicistes antérieurs à la Révolution.

Mais l'Angleterre n'était pas seulement l'ennemie naturelle de la France. Elle était son ennemie surnaturelle. Il y avait près de trois siècles–, avant que, sous les jupes de l'odieuse Elisabeth, se déchaînassent les démons impurs du mercantilisme protestant, le père de cette jument couronnée, le polygame Henri VIII, n'avait eu qu'un geste à faire pour que toute l'Angleterre, autrefois nommée l'Ile des Saints, reniât l'Eglise. Honte majeure et initiale de ce royaume voué à Satan par un maître pétri de boue, impatient d'une autorité religieuse qui s'opposait à ses paillardises. Instantanément la libre Angleterre apostasia et d'autant plus volontiers que le roi concédait magnifiquement les biens des évêchés et des monastères à ses domestiques obéissants. Il y eut des martyrs, mais en petit nombre. Cela pendant que la France convulsée d'horreur luttait avec rage contre l'hérésie et se préparait à la combattre cinquante ans par tous les moyens, jusqu'à l'abjuration telle quelle d'un autre paillard contraint d'accepter la messe pour régner sur la progéniture spirituelle de saint Denys et de saint Martin.

En attendant que l'Angleterre porte cette iniquité au Jugement universel, en attendant aussi les calamités qui pourraient en être, aujourd'hui, la conséquence très prochaine ; il y eut, au temps de Napoléon, la grande angoisse insulaire qui fit couler à travers l'Europe un Danube de sang, et il y eut surtout cette horreur d'une vache aux quatre pieds du Veau d'or, ameutant un continent mercenaire pour la destruction ou l'avilissement de la merveilleuse nation française ! Les plus noires combinaisons de la politique la plus astucieuse furent ses pratiques et la crainte même de ré-volter tous les peuples civilisés ne l'arrêta pas. Il suffit de rappeler l'in-comparable piraterie du bombardement de Copenhague, au lendemain de Tilsitt, pour voler la flotte danoise que le cabinet anglais supposait ac-quise à l'alliance franco-russe, aucun acte hostile n'ayant provoqué cet attentat.

CI Le pouvoir occulte et magnétique de l'Angleterre. ! Où donc ai-je lu ces mots ?

Quel était ce pouvoir et d'où pouvait-il venir à cette nation apostate vers qui s'aiguillaient, comme vers un pôle, toutes les consciences fangeuses ou perturbées, aussitôt que la sorcière chuchotait dans le silence des chancelleries européennes ? Ne semble-t-il pas que cela est à faire peur, quand on vient à penser que le plus grand des hommes en fut la victime et que le lion du désert qu'il était put être fasciné, à la fin, par ce serpent des lieux très bas, jusqu'à se précipiter dans sa gueule comme en un re-fuge !

C'est accablant de se dire que l'homme de guerre à qui nul autre ne doit être comparé a été vaincu par un Wellington I 11 est vrai qu'alors ses lieutenants lui obéissaient mal ou le trahissaient. Mais, tout de même, un Wellington, c'est par trop ignominieux.1 Tout ce qu'on pourrait dire de cet inconcevable général anglais dont le principal mérite en Espagne fut celui d'un bon intendant des viandes et qui eût été infailliblement écrasé à Waterloo, si Napoléon avait pu se faire obéir ; tout ce que l'indignation ou le sarcasme français pourrait inspirer n'irait pas plus loin pour déshonorer un tel fantoche que les conseils satiriques donnés aux « généraux en chef » par l'auteur anglais du charmant ouvrage : Advice to the officers of the british army.

a Rien n'est aussi recommandable que la générosité envers l'ennemi. Le suivre, l'épée dans les reins, après la victoire, ce serait tirer avantage de sa détresse. 11 vous suffit d'avoir prouvé que vous pouvez le battre quand vous le jugerez convenable.

Vous agirez toujours ouvertement et de bonne foi avec amis et ennemis. Ainsi vous vous : garderez bien de dérober une marche ou de tendre une embuscade. Vous n'attaquerez jamais l'ennemi pendant la nuit. Vous vous souviendrez d'Hector allant combattre Ajax : (\ Ciel, éclaire-nous et combats contre nous ! » Si l'ennemi se retire, laissez-lui gagner quelques jours d'avance, afin de lui montrer que vous ne doutez pas de le surprendre, quand vous l'entreprendrez. Qui sait si un procédé si généreux ne l'engagera pas à s'arrêter ? Après qu'il s'est arrêté en une place de sûreté, vous pouvez alors vous mettre à sa poursuite avec toute votre armée. N'avancez jamais un officier intelligent ; un bon gros compagnon est tout ce qu'il vous faut pour exécuter vos ordres. Un officier qui a un iota de connaissances au-dessus de la routine, vous devez le considérer comme votre ennemi personnel, car vous pouvez être sûr qu'il rit de vous et de vos manœuvres. »

Il est incontestable que Wellington, si justement admiré par l'Angleterre, a suivi, à la lettre, dans ses campagnes de la Péninsule et même en Belgique, ces précieux conseils. Il lui avait fallu, en Espagne et en Portugal, pour ne pas être détruit vingt fois, l'absence capitale de Napoléon et l'anarchie criminelle des généraux qui le remplaçaient.

On peut être bien certain que même la perte de l'Empire fut moins amère à Napoléon que cette supplantation ridicule et ignominieuse. Ce qui prévalait contre lui, le grandiose et magnanime empereur latin, c'était, en la personne du médiocre Wellington, toutes les boutiques et tous les coffres-forts de Londres. C'était la hideuse hypocrisie du protestantisme parcimonieux et arrogant des escompteurs de carnage et d'infamie. C'était, enfin et surtout, l'étonnante subsannation du Dieu des armées se repentant, comme au Déluge, d'avoir fait un homme si grand et, par l'effet d'une miséricorde terrible, l'humiliant, à la fin, sous les pieds d'un avorton de la L gloire !

XI. LES MERCENAIRES

Après la honte de l'Angleterre, la honte des autres monarchies européennes. Il faut avouer que celle-ci est déconcertante.

Jamais une pareille prostitution ne s'était vue. L'Autriche catholique, la Prusse luthérienne, la schismatique Russie, sollicitant tour à tour ou simultanément les subsides anglais pour l'extermination de la France. De 93 à 1813, cinq grandes coalitions, pour ne rien dire des innombrables et incessants complots subalternes où tout le monde passait à la caisse, puissants et hautains ministres, simples espions ou batteurs d'estrade, unis dans le même dessein, en attendant qu'ils se dévorassent entre eux, quand l'ennemi commun aurait été abattu. Pendant vingt ans, ce fut un grouillement inexprimable de traîtres, de menteurs, d'assassins disponibles, ne cessant de tendre leurs mains avides à l'Angleterre qui les payait en rechignant ou les régalait du pourboire de son mépris quand ils avaient mal travaillé, ce qui arriva fort souvent. L& mépris de l'Angleterre 1 Il leur fallut avaler cela en même temps que les effroyables pénitences militaires qui leur étaient infligées par l'Invincible.

Assurément, c'est la tradition constante, la jurisprudence inchangeable des hommes d'Etat, que tous les moyens sont bons en politique et que l'argent même est anobli par l'intention de forfaire ou de trucider.

C'est la doctrine des brigands et l'Europe fut un grand chemin. On s'y habitua et les dépècements territoriaux qui suivirent la chute de Napoléon, les trocs, selon l'argot diplomatique usité à cette époque, ont établi surabondamment la pérennité de ces maximes.

D'abord l'Autriche. Extrastatumnocendi, avait prononcé Kaunitz en 1788. « Hors d'état de nuire ». Cette consigne regardait alors la Prusse avant d'être le mot d'ordre universel contre la France. Nuire signifiait ne pas être soumis à l'Autriche et comme la France, aussitôt après la Révolution, lui nuisait de toutes les manières, elle n'hésita pas à combler, par le moyen classique de l'argent anglais, le déficit inquiétant de son trésor de guerre. Avec le cynique Thugut, ancien espion de Choiseul, traître à la France et à l'Autriche, commencèrent les marchandages, les transactions immondes. « Nous n'avons pas le sou », gémissait-il déjà en 94.

Metternich devait continuer, mais sans la même franchise, étant d'une extraction supérieure et l'un des plus notoires gentilshommes que l'on pût connaître. Napoléon devenu le plus fort, il alla jusqu'à lui vendre très cher une archiduchesse, excellente affaire pour le souverain de l'Autriche heureux de maquignonner sa fille, ayant passé l'âge de se prostituer lui-même. Il est difficile de concevoir une aussi parfaite abjection. Quand la fortune de Napoléon eut l'air de péricliter, on se ressouvint des coffres-forts britanniques et le beau-père, Majesté Apostolique, arma trois cent mille hommes pour conquérir un lit adultère à la chère enfant qui trouva cela très bon.

On avait fait, d'ailleurs, tout le possible pour que cet heureux changement fût inévitable. Longtemps à l'avance la ruine du Dominateur avait été décidée par quelque moyen que ce fût et le mariage n'avait été qu'un expédient pour l'endormir. C'est ainsi que le prince de Metternich, écrivant plus tard ses Mémoires, put se rendre à lui-même ce témoignage : « Les vues qui ont toujours formé la base de la politique autrichienne sont des plus pures qu'on puisse concevoir. », Avec la Prusse, il ne peut être question d'aucune pureté. On est en plein goujatisme et chez les bandits. « La guerre », a dit Mirabeau, « est l'industrie nationale de la

Prusse. » On sait ce que cela veut dire. Depuis les barbares du v. siècle, il ne s'était pas vu de nation aussi sauvagement brutale et pillarde et cela n'a pas changé. On a pu le constater en r 1870.

Sa prospérité scandaleuse avait commencé, nul n'est censé l'ignorer, au XVIe siècle, par l'union de la Marche de Brandebourg et de la Prusse proprement dite, alors exiguë et très pauvre, deux colonies allemandes en pays slave. Ce triste duché de Prusse autrefois conquis sur les idolâtres par l'Ordre Teutonique, sans frontières ni délimitations géographiques, n'avait pas hésité à devenir luthérien pour s'agrandir. C'était le bon moyen au XVIe siècle.

Acoquiné par l'apostasie au margraviat de Brandebourg, il considéra que tout ce qui avoisine est bon à prendre et telle fut, sous les Hohenzollern, son unique raison. d'Etat. Le grand Frédéric, fondateur véritable de la puissance prussienne, prit des deux mains et tant qu'il put, avalant la Silésie et la Pologne, désignant à ses successeurs la Saxe, la Westphalie, la Bavière, l'Autriche même si on pouvait, toute l'Allemagne. Mais il aurait fallu à ses héritiers immédiats l'espèce de génie, la volonté sans défaillances de ce redoutable voleur, et le monarque lourdaud, son petit neveu, qui prétendit s'opposer à Napoléon, aurait certainement tout perdu sans la. déplorable magnanimité de son adversaire.

Après Iéna, la Prusse étant devenue plus pauvre que jamais, il lui devint expédient de faire un peu de prostitution, son tempérament et sa conscience n'y répugnant pas le moins du monde. L'Angleterre y pourvut avec plus d'abondance que d'amour en 1813. Carthage était bien forcée de solder ses mercenaires. Stein, Scharnhorst, Gneisenau et cette horrible crapule de Blücher la servirent avec un zèle d'autant plus vif qu'ils entendaient engraisser leur sale patrie de quelques-uns des meilleurs morceaux du monstre abattu.

La plus insatiable des cours de l'Europe, s'estimant la plus lésée, manœuvra pour avoir la plus large part dans le présent et dans l'avenir. Le brigandage endémique et héréditaire s'amplifia, s'extravasa, se magnifia jusqu'à procréer de nos jours l'Empire Allemand qui finira peut-être par se ronger lui-même, comme les enterrés vivants, dans le sépulcre de mépris et d'exécration que le socialisme est en train de lui préparer.

L- Faut-il inscrire la Russie parmi les mercenaires ? Assurément. On ne se représente pas Souvorof, par exemple, traversant toute l'Europe, inondant l'Italie et grimpant sur les montagnes de la Suisse,

à court d'argent. La comptabilité moscovite était incertaine et la monnaie russe probablement dépréciée au delà de la Vistule. On ne se représente pas non plus le délicieux parricide Alexandre prenant sur ses menus plaisirs pour aller se faire massacrer à Austerlitz ou à Friedland. Le rôle de négociateur olympien lui convenait mieux et lui était moins à charge.

De toutes les erreurs de Napoléon, après celle de Bayonne, la plus lourde et la plus durement expiée fut de se laisser prendre aux sourires et aux caresses de ce Byzantin qui ne fut pas un jour sans le trahir, dont l'amitié pleine d'enthousiasme fut un mensonge grec imperturbablement soutenu pendant quatre ans jusqu'au jour où l'Angleterre, impatientée de ce roman, le contraignit à se déclarer ce qu'il était en réalité : un ennemi implacable.

Lorsque s'était cuisinée la coalition de 1805, l'Angleterre avait conclu un traité de subsides à raison de 1.200.000 livres sterling par cent mille hommes que la Russie mettrait sous les armes, trente millions de francs pour Austerlitz. Le traité ne disait pas si on aurait à défalquer les morts. Le Tsar déconfit, ayant éprouvé «n Moravie qu'il est moins facile de gagner une grande bataille que d'assassiner son père, obtint-il quittance ? Les anges maudits doivent le savoir, mais cela est infiniment douteux pour les hommes. Les affaires sont les affaires et l'Angleterre mécontente gardait sa cédule. On n'avait pas payé les Russes pour être battus. Ce compte fut réglé sans doute par les infractions au Blocus continental.

Au lendemain d'Austerlitz, Alexandre, que Napoléon pouvait retenir prisonnier de guerre et claquemurer dans une forteresse, supplia très humblement son vainqueur de permettre qu'il se retirât avec les restes de son armée, ce qui fut accordé. « Leur faire grâce aujourd'hui », s'écria l'héroïque et malheureux Vandamme, « c'est vouloir qu'ils soient dans six ans à Paris 1 » Dix ans plus tard, il y eut, à Sainte-Hélène, un commissaire pensionné par Alexandre pour s'assurer de la détention du Captif. Telle est la beauté de l'histoire, telle est la politique et telle fut la récompense de la magnanimité de Napoléon qui pardonna presque toujours et ne fut jamais pardonné.

Reste à savoir ce que devint son âme, sa trop grande âme, dans cet effroyable tourbillon d'iniquités. Ame d'un lycéen sublime, emportée par le Souffle de Dieu à des hauteurs inconnues, ne voyant presque plus la petitesse humaine, incorrigiblement amoureuse de tout ce qui lui paraissait avoir de la générosité ou de la grandeur et, à cause de cela, malgré le plus somptueux génie, désignée, beaucoup plus qu'une âme ordinaire, à toutes les souffrances de la Déception.

Il y a, dans les plus humbles églises de France, une pauvre lampe allumée la nuit et Je jour, devant le Saint-Sacrement de l'Autel. Il me vient cette idée, absurde peut-être, que cette lampe est quelque chose comme la confiance de Napoléon.

XII. LES GRANDS

Lorsque Napoléon rétablit le maréchalat, se donnant de la sorte dix-huit cousins, il parut avoir peur de son propre ouvrage.

La remarque est du contemporain Thiébault admirablement situé pour en juger et de qui les Mémoires, très supérieurs à ceux de Marbot, sont, surtout au point de vue militaire, le document le plus fidèle qui puisse être consulté.

Craignant, suppose-t-il, de donner trop de puissance à d'anciens compagnons de guerre devenus ses subalternes et ses sujets, l'Empereur parvenu estima que, dans une certaine mesure, il convenait de « ravaler l'institution par ses choix et il les fit de manière que la part de la faveur dominât entièrement la part de la justice ». Je laisse naturellement à Thiébault la responsabilité d'une accusation aussi grave, en faisant remarquer, toutefois, qu'il est fort troublant de voir Napoléon placer au même rang d'honneur suprême des généraux dont il devait, mieux que personne, connaître l'inégalité.

Un Berthier, par exemple, appelé par l'empereur lui-même un « oison », ou un pseudo-vainqueur tel que Brune, à côté du grand Masséna ; les héroïques Ney et Lannes, comparables seulement aux chevaliers des temps anciens, voisinant avec un Soult, invisible et introuvable à Austerlitz où son corps d'armée avait le principal rôle, aussi longtemps que dura le danger et qui, plus tard, s'en attribua toute la gloire. Ce duc de Dalmatie à qui Napoléon ne voulut pas donner le nom d'un lieu quelconque rappelant une victoire, fut, comme on sait, l'artisan le plus effectif de ses insuccès en Espagne où l'empereur avait eu, après la quasi trahison d'Oporto, la faiblesse ou l'aveuglement inconcevable de lui confier une prépondérante situation.

Mais que dire de Marmont, le vaincu des Arapiles et l'abominable traître d'Essonne dont le nom seul devint une sanglante injure ? Que dire de Murat et d'Augereau, si intrépides pourtant l'un et l'autre et qui furent si horriblement infidèles aux jours de malheur ? Que penser de l'imbécile et vaniteux Macdonald, pillard de l'Italie en 99, qui ne sut jamais que se faire battre ; de Gouvion Saint-Cyr, le plus habile général peut-être qu'il y eut en Europe après Napoléon, mais de qui l'humeur diabolique fit perdre le fruit de la bataille de Dresde et commença le désastre irréparable de 1813 ; de l'inepte et valeureux Oudinot ; du ridicule tambour Victor canonné duc de Bellune ; du féroce et routinier Davout privant la France envahie d'une armée qui l'eût peut-être sauvée, en s'acharnant, avec une obstination de brute, à la défense d'une ville que nul n'attaquait ; de Grouchy enfin que le démon protecteur de l'Angleterre semble avoir désigné au choix du malheureux empereur pour que s'ache-vât son pèlerinage.

La plus incompréhensible et la plus funeste, parmi ces promotions in-sensées, fut assurément celle de Bernadotte que Napoléon savait son en-nemi personnel et dont il ne devait pas estimer beaucoup les gascon-nades militaires. On sait comment il en fut payé. Mais Bernadotte avait pour lui d'être le beau-frère de Joseph, et Napoléon était un chef de clan très sensible.

Ce lien de famille lui fit pardonner, après plusieurs autres choses, le crime d'Auerstadt qu'avec tout autre prince il eût payé de sa tête, et sa très étrange conduite à Wagram ne lui valut qu'une disgrâce bénigne et temporaire. Devenu roi de Suède par le consentement du Maître qui n'eut pas le caractère de s'y opposer, cet odieux aventurier, enivré de se voir a encensé par des légitimes », devint aussitôt l'ennemi acharné de son bienfaiteur et de sa patrie. Son nom est une ordure dans l'histoire et il est parfaitement convenable que les renégats luthériens de toutes les Suèdes en soient fiers et satisfaits.

Tel fut, à peu près toujours, le gain de Napoléon quand il voulut faire grands les hommes qui l'environnaient. Fils de la Révolution, il lui fallait prendre naturellement ce que sa mère lui avait laissé, c'est-à-dire des scé-lérats ou des domestiques dans la proportion de 90 à 95 0/0. Les servi-teurs de grand talent, en dehors du militaire, pour ne nommer que Tal-leyrand et Fouché furent, sous lui, les merveilleuses canailles qu'ils eussent été sous n'importe quel régime. On peut même dire, sans hyper-bole, que leur turpitude subit la contagion de sa grandeur, au point que le monde périra sans doute avant qu'on ait pu leur décerner un mépris suffisamment équitable. Et presque tous furent ainsi, dans la mesure qui convenait, à chacun des échelons infinis de l'administration du Grand Empire, en sorte qu'on finit par être moins étonné de la gloire de Napo-léon que de l'ignominie des ingratitudes ou des trahisons que son règne détermina, l'excessive énergie de l'astre ayant activé d'une manière inouïe la putréfaction universelle.

Quand il déclina, ce fut une puanteur inconnue.

Il est vrai que Napoléon ne sut jamais punir tout à fait et cela qu'on rencontre à chaque instant, qu'on retrouve à toutes les pages de sa vie, jusque en être impatienté, c'est peut-être le trait essentiel de cet homme étrange parmi les étranges qu'on a tant voulu représenter comme un tyran et qui fut surtout, en vertu d'on ne sait quelle hérédité, un fataliste profond, incapable de ressentiment, craignant toujours de détruire quelque chose de son œuvre en abaissant ceux qu'il avait élevés, cessant de vouloir et cessant d'agir quand il croyait avoir entendu la voix de son destin s'asseyant alors, plein d'une muette résignation, sur la margelle du puits de douleur.

« Les plaintes », disait-il, « sont au-dessous de ma dignité et de mon caractère.

J'ordonne ou je me tais. »

XIII. LES SACRIFIÉS

Combien furent-ils, ceux-là ? Cinq ou six cent mille peut-être. On ne sait pas.

Cela peut aller à un million de Français victimes, non de l'ambition de leur chef comme on l'a tant dit, mais de la force des choses qui n'était pas moins que la Volonté divine.

Personne en Europe ne désira la paix aussi passionnément que Napoléon, parce que la paix lui était nécessaire pour instaurer les magnificences que son merveilleux esprit avait conçues et il ne put jamais l'obtenir. De 96 à 1815, il combattit pour la conquête infiniment désirée de ce Paradis terrestre à la porte duquel vinrent s'écraser toutes ses armées.

Et quelles armées ! il ne s'était jamais rien vu d'aussi beau. Pour les engendrer et les produire à la fin, ces armées de rêve et d'apothéose, il avait fallu la gestation douloureuse de quatorze siècles. Il avait fallu d'abord les pauvres et sublimes Evêques du Chaos barbare et tous les Saints des Temps Mérovingiens ou Carolingiens qui avaient amalgamé la terre de France avec le très précieux Sang du Christ ; il avait fallu ensuite la Chevalerie des Croisades et son enthousiasme surnaturel ; puis encore l'horrible et centenaire tribulation de la Guerre Anglaise, les convulsions épouvantables des XIVe et XVe siècles où le Royaume de la Mère de Dieu pensa mourir ; il avait fallu enfin le fumier de tous les Bourbons et toutes les guillotines de la Terreur. On ne connaît pas de nation qui ail été aussi labourée, aussi amendée par le sang et les immondices.

Impie, assurément elle l'était ou paraissait l'être devenue, comme tout le monde, d'ailleurs, même en Espagne, et il ne se pouvait guère qu'on fût autre chose, à la fin du XVIIIe siècle. Mais c'était, en France, une impiété de surface, de pellicule, une sorte de gale spirituelle contractée sous les Bourbons, pouvant être guérie par des bains de sang ou de feu -et n'intéressant pas les entrailles. La France m'est incurable que de Dieu, les plus diaboliques expériences l'ont démontré, celle de la Révolution surtout. Précisément parce qu'elle était la plus généreuse des nations, il était impossible que, privée temporairement de la foi chrétienne, elle ne se précipitât pas à la déception magnifique de 89 et aux délires effroyables qui en furent la conséquence. Parce qu'il fallait à cette visitandine abandonnée un Dieu visiteur et corporel, un Dieu tangible qui la consolât, quand Napoléon lui fut montré, elle le reconnut aussitôt, il sortit d'elle un immense cri d'amour éperdu et elle se donna toute entière.

Qu'il s'agisse de Fréjus ou du golfe Juan, il n'y a pas, dans toute l'histoire, un autre exemple d'un si prodigieux ascendant. Cet homme extraordinaire fut réellement Dieu pour ses soldats qui étaient la fleur de la France. Il put en faire tout ce qu'il voulut, son âme exorbitante absorbant, comme j'ai dit, toutes ces âmes devenues siennes par sa volonté, peut-être aussi sans sa volonté, car tout cela est vraiment très mystérieux.

Ce peuple armé le suivit partout, acceptant, pour l'amour de lui, toutes les peines de la vie et tous les tourments de la mort.

Quand les grands comblés de ses bienfaits le trahirent, les pauvres soldats qui avaient vaincu sous lui toute la terre, riches seulement de leurs blessures et de leur gloire, demeurèrent fidèles à leur Empereur déchu, à leur Empereur captif et décédé, ne parvenant pas à comprendre que c'était fini à jamais. Les villages de toutes les provinces ont vu mourir, il y a plus de soixante ans, ces orphelins du Prodige, invalides et miséreux, naïfs et grandioses, qui se voyaient toujours en Egypte ou à Moscou.

Avec eux parurent s'éteindre les étoiles.

Leur souvenir s'efface et la nouvelle génération qui n'a pu les entrevoir que dans les images légendaires de Charlet ou de Raffet, les ignore en réalité, incertaine que de pareils hommes aient pu exister pour être les compagnons du Géant dont le seul nom rapetisse toutes les grandeurs.

Un jour viendra, peut-être, où les reliques de Napoléon ne seront plus dans son admirable Tombeau des Invalides. On ouvrira le cercueil et il sera vide, l'apparence même de cette poussière n'ayant pu subsister après l'extinction du prestige qui l'environnait. Elle aura été rejoindre les poussières confuses et dispersées des humbles soldats qui se sacrifièrent pour leur Chef et de qui les âmes d'enfants amoureux se grouperont autour de la Sienne, au Jugement Universel, comme faisait, aux jours des grandes batailles d'autrefois, sa Garde invincible !

XIV. LA GARDE RECULE !

On ne peut rien comprendre à Napoléon aussi longtemps qu'on ne voit pas en lui un poète, un incomparable poète en action. Son poème c'est sa vie entière et il n'y en a pas qui l'égale. Il pensa toujours en poète et ne put agir que comme il pensait, le monde visible n'étant pour lui qu'un mirage. Ses proclamations étonnantes, sa correspondance infinie, ses visions de Sainte-Hélène le disent assez.

Soit qu'il parlât, soit qu'il écrivît, son langage magnifiait tout.

On ne se lasse pas de relire son admirable lettre du 2 février 1808 à l'astucieux parricide Alexandre, fort indigne de la recevoir et certainement incapable de la comprendre. Il ne lui offrait pas moins que le partage du monde, lui montrant l'Asie et se réservant à lui-même tout l'Occident ; cela non comme une éventualité magnifique, mais comme une suite nécessaire de leur système d'alliance : « Alors les Anglais seront écrasés sous le poids des événements dont l'atmosphère sera chargée. Votre Majesté et moi, nous aurions préféré La douceur de la paix et de passer notre vie au milieu de nos vastes empires, occupés de les vivifier et de les rendre heureux. Les ennemis du monde ne le veulent pas. Il faut être plus grands, malgré nous. Il est de la sagesse et de la politique de faire ce que le destin ordonne et d'aller où la marche irrésistible des événements nous conduit. »

Toujours le destin ! Napoléon est-il donc le poète du destin ? Les événements dont il parle ont démontré historiquement l'irréalité ou, si on le préfère, l'inanité de ses grands desseins, mais ils ne l'ont pas démontrée dans l'âme de cet Empereur des empereurs où ils avaient, sans doute, une consistance prophétique, une réalité indémontrable, d'autant plus certaine à ses yeux. Discernant mieux que personne les apparences matérielles à la guerre ou dans l'administration de son empire, il avait, en même temps, comme un pressentiment extatique de ce qui était exprimé par ces contingences périssables et c'est précisément ce qui constituait en lui le poète.

Il n'était pas possible que sa vie sentimentale différât essentiellement de sa vie publique. Cette disparate ne peut convenir qu'à des grands hommes ordinaires, à la canaille des grands hommes. Napoléon se devait à lui-même d'être amoureux comme il était empereur, c'est-à-dire à la manière d'un poète extrêmement grand, procréateur indécourageable des illusions merveilleuses qui lui suffisaient dans ce beau crépuscule de matin d'été que fut sa vie toute entière. Les plus grands désastres et même sa chute épouvantable ne parvinrent pas à le réveiller tout à fait. A Sainte-Hélène il continua son rêve en souffrant et, depuis sa mort, il le continue dans l'imagination ou dans le cœur de ceux qui l'admirent.

On a dit fort exactement que Napoléon aimait comme un collégien. Où aurait-il pu trouver le temps et l'expérience d'aimer d'une autre manière ? Comme tous les collégiens il aima des prostituées, des femmes se donnant tout de suite, avec ou sans façons. On peut même dire que s'étant, de très bonne heure, chargé des affaires du monde entier, il n'eut pas le loisir d'en aimer ni d'en épouser d'autres et qu'un peu plus tard, cela dut lui paraître sans importance. Sa passion pour Joséphine qui était et qui resta une drôlesse, passion attestée par des lettres pleines de délire, a tout juste ce caractère de l'emportement sensuel d'un adolescent imaginatif et demeuré chaste, allumé par la coquetterie d'une ambitieuse.

Ce genre d'éruption, pour parler avec décence, est facilement guérissable et le collégien ne tarda pas à s'instruire.

D'ailleurs, à l'époque du commencement de ses amours avec Joséphine, sa grandeur future n'était que devinée ou pressentie. La créole perverse et fascinante était son premier éblouissement. Celui qui ne s'appelait encore que Bonaparte et qui, plus tard, n'aurait eu qu'un geste à faire pour que les plus hautaines vertus s'immolassent, dut croire alors qu'une déesse de l'Olympe daignait condescendre jusqu'à lui : « Mio dolce amor, ne me donne pas de baisers, car ils brûlent mon sang. »

On écrit de ces choses-là à dix-huit ans.

Mais il paraît qu'en amour Napoléon eut toujours cet âge. Trois lustres après sa grande passion pour Joséphine, il y eut Marie-Louise et l'enfantillage surprenant de son équipée à Compiègne. Il faut se rappeler que la poupée qu'on lui envoyait de Vienne était fille des Césars et que cela lui faisait un éblouissement nouveau qui renouvelait en lui le collégien tenace de sa préhistoire.

Ces deux femmes très dignes l'une de l'autre, lui furent également infidèles et traîtresses" comme il convenait. Fataliste, ainsi que je l'ai dit plus haut, il s'en arrangea le mieux qu'il put, ayant assez à faire d'ameuter contre sa seule personne tous les peuples européens pour accomplir ce qu'il appelait son destin. L'époque, au surplus, le voulait ainsi. Chacun faisait tout ce qui lui plaisait et les sœurs de Napoléon furent strictement des courtisanes.

Caroline, la plus odieuse des trois, non contente d'avoir déshonoré vingt fois son mari, l'infortuné Murât, fit de ce héros de toutes les batailles l'halluciné lamentable dont elle croyait avoir besoin pour assassiner son frère.

Mais le poète immense de l'Epopée de vingt ans, qui pouvait l'assassiner ou seulement le contrister de façon mortelle ? Il voyait ses femmes, ses sœurs, ses frères armés contre lui, comme il voyait ses lieutenants ingrats et comme il voyait toutes choses, dans le miroir énigmatique de sa magnifiante pensée.

Il eut ce qu'on est convenu d'appeler des maîtresses en aussi grand nombre qu'il voulut, et au passage, étant le soldat d'entre les soldats du monde, mais elles ne possédèrent pas et ne connurent pas son âme. « Ubi thésaurus, ibi cor. Là où est ton trésor, là est ton cœur. » Le cœur de Napoléon n'était pas une citadelle imprenable, mais ceux ou celles qui y pénétrèrent crurent qu'il n'y avait rien, parce que le trésor était invisible. Ce trésor était le secret de sa poésie grandiose, l'arcane de ce Prométhée s'ignorant lui-même, de qui les fautes les plus graves ont eu cette excuse de Polyphème ou d'Antée qu'il ne se savait pas aussi colossal ni aussi prédestiné. C'était, avec l'impatience de tout obstacle, le zèle profond d'une mission surnaturelle qu'il n'arrivait pas à démêler, mais qui lui sortait par tous les pores et dont la certitude le crucifiait ; situation amoureuse qui le montrait, quand même et toujours, infiniment au-dessus des convoitises ordinaires et de leur misérable servitude.

J'ai dit les deux éblouissements de Napoléon. Il y en eut un troisième plus funeste. Ce fut l'éblouissement de la Défaite.

Jusqu'à Waterloo il avait connu les désastres, mais il n'avait pas connu la défaite. Cette autre prostituée, si longtemps exclue, voulait de lui à son tour et il fallut enfin la subir.

La Garde recule !. A ce cri panique, il voit crouler sa ligne de bataille, il voit sa dernière armée en pleine déroute, il sent l'étreinte du monstre et sa virginité de vainqueur est perdue. Une nuit affreuse tombe sur son âme. Est-ce donc tout à fait fini ? Faudra-t-il que le poème s'achève sur cette aventure épouvantable ? Où est maintenant son étoile ? Que sont devenus son cœur et son trésor ? Sans doute ce n'est pas Wellington qui les lui a ravis et ce n'est pas non plus le goujat prussien. Il retrouvera cela dans trois mois, à deux mille lieues de sa capitale, en l'autre hémisphère. Mais là son étoile sera comme une pauvresse demandant son pain, son cœur sera torturé et son trésor sera de douleurs. Ah ! ce n'est pas la Garde seule qui recule à Waterloo, c'est la Beauté de ce pauvre monde, c'est la Gloire, c'est l'Honneur même ; c'est la France de Dieu et des hommes devenue veuve tout à coup, s'en allant pleurer dans la solitude après avoir été la Dominatrice des nations !

Le matin de ce jour terrible, la militante Eglise célébrait, dans toutes les paroisses de la Chrétienté, la messe de deux très anciens martyrs et recommandait à tous les fidèles de « se glorifier dans les tribulations, gloriamur in tribulaiionibus ». Il y eut certainement, en France, d'humbles prêtres et des assistants plus humbles qui se souvinrent alors de leurs proches ou de leurs amis qui allaient combattre et qui ne pensaient pas plus que leur Chef à invoquer les vieux martyrs. Il est probable cependant que beaucoup de ces immolés furent secourus par eux dans l'agonie ; mais le murmure doux et mystique de cette prière n'eut pas d'autre écho appréciable que l'imprécation désespérée de Cambronne, et l'Empereur abattu ne songea guère à se glorifier de son tourment.

Il s'en glorifia plus tard, à Sainte-Hélène, quand il vit venir la grande Amoureuse des mendiants et des empereurs, et celle-ci lui prit son Secret pour ne le transmettre à personne.

XV. LE COMPAGNON INVISIBLE

Il est enseigné que chaque homme est accompagné, de sa naissance à sa mort,. par un Invisible chargé de veiller attentivement sur son âme et sur son corps. Cet Invisible se nomme l'Ange gardien, protecteur voulu de Dieu pouvant appartenir à l'un ou l'autre des Neuf Chœurs Angéliques.

C'est la croyance universelle des chrétiens. Ce compagnon perpétuel est à la fois un inspirateur et un juge. Les hautes pensées viennent par lui et ce qu'on nomme les reproches de la conscience, c'est lui qui les fait entendre. Il sait ce que nous ne savons pas, il voit ce que nous ne voyons pas, il est toujours présent en nous et autour de nous, indiciblement respectueux de notre liberté, connaissant la réelle grandeur de nos âmes et l'inconcevable dignité de nos corps de boue appelés à resplendir, quand nous aurons cessé d'être des dormants. Lorsqu'un homme fait le mal, l'ange se retire silencieusement dans les lieux profonds de l'âme criminelle où le pécheur lui-même ne pénètre pas, et il pleure comme peuvent pleurer les Anges.

« Si la vie est un festin, voilà nos convives ; si elle est une comédie, voilà nos comparses et tels sont les formidables Visiteurs de notre sommeil, si elle n'est qu'un rêve 1. Ils sont nos très proches, les Voyageurs perpétuels de la lumineuse Echelle du Patriarche et nous sommes avertis que chacun de nous est avaricieusement gardé par l'un d'entre eux, comme un trésor inestimable, contre les saccages de l'autre Abîme ce qui donne la plus confondante idée du genre humain.

« Le plus sordide chenapan est si précieux qu'il a, pour veiller exclusivement sur sa personne, quelqu'un de semblable à Celui qui précédait le camp d'Israël dans la colonne de nuées et dans la colonne de feu, et le Séraphin qui brûla les lèvres du plus immense de tous les Prophètes est peut-être le convoyeur, aussi grand que tous les mondes, chargé d'escorter la très ignoble cargaison d'une vieille âme de pédagogue ou de magistrat.

« Un ange réconforte Elie dans son épouvante fameuse ; un autre accompagne dans leur fournaise les Enfants Hébreux ; un troisième ferme la gueule des lions de Daniel ; un quatrième enfin, qui se nomme « le Grand Prince », disputant avec le Diable, ne se trouve pas encore assez colossal pour le maudire et l'Esprit-Saint est représenté comme le seul miroir où ces acolytes inimaginables de l'homme puissent avoir le désir de se contempler.

« Qui donc sommes-nous, en réalité, pour que de tels défenseurs nous soient préposés et, surtout, qui sont-ils eux-mêmes, ces enchaînés à notre destin dont il n'est pas dit que Dieu les ait faits comme nous, à sa ressemblance et qui n'ont ni corps ni figure ? C'est à leur sujet qu'il fut écrit de ne jamais « oublier l'hospitalité », de peur qu'il ne s'en cachât quelques-uns parmi les nécessiteux étrangers [2]. »

Qui donc a pu être plus étranger, plus nécessiteux que Napoléon ? Ne comprenant rien à l'apparition d'un tel homme sur la terre, je renonce à le dire, et comment pourrais-je parler de Celui qui fut chargé de l'accompagner invisiblement partout ?

On serait porté à lui attribuer un Chérubin, un Trône, une Domination, ou tout au moins un très grand et très splendide Archange. Je pense, au contraire, qu'il dut avoir pour gardien l'un des moindres esprits du dernier degré de la Hiérarchie céleste.

Un médiocre Judas tel que Bernadotte, par exemple, pouvait avoir besoin d'être assisté d'un des plus hauts princes ou ministres de la Grâce, capable de porter la montagne de ses trahisons et d'écarter de lui effroyablement tous les châtiments humains, en attendant l'heure de Dieu et de sa Justice. Mais il ne pouvait pas en être ainsi de Napoléon. Ce qu'il fallait à ce Personnage extraordinaire, c'était l'ange gardien du petit enfant abandonné sur la route du monde, un modeste protecteur pour éloigner de lui les chiens vagabonds, pour le guider parmi les ronces ou les cailloux qui eussent pu l'offenser, un humble et quasi timide ange gardien pour le plus grand de tous les hommes ! Un très doux ami invisible, déférant et grave, pour lui dire au fond du cœur : « Pardonne souvent, mais ne pardonne pas toujours. Dieu t'a fait le père de cinquante millions de ses créatures qui ne peuvent pas savoir qui tu es puisque tu ne le sais pas toi-même. Ne dévore pas ces malheureux qui sont à la Ressemblance de Dieu et à ta propre ressemblance. On te permet d'enchaîner les rois et de les fouler à tes pieds parce qu'ils sont vomis de l'Esprit-Saint que tu signifies peut-être. Seulement ne sois pas trop habile et n'entreprends pas de supprimer les montagnes qui appartiennent à Dieu.

Jusque-là tu seras invincible, mais pas plus loin et tu t'en apercevrais aussitôt. La neige et le déluge sont sur leurs cimes ; ne les force pas à en descendre. »

Quels étonnants colloques entre ces deux Imperturbables, l'un de la terre et l'autre du ciel, l'un visible et l'autre invisible ! Et Napoléon, lui aussi, ne fut-il pas invisible à sa manière, et combien 1 pour ses serviteurs incapables de soupçonner ou même de supposer ses anxiétés quand il s'entretenait avec le translucide Compagnon à travers lequel son âme angoissée voyait se former les tempêtes. « Ne va pas par là », disait l'ange. « Mon destin l'ordonne », disait l'empereur. Et voilà que le Destin s'opposait à Dieu et que Napoléon était éperdu ! Mais cela, nul dans son entourage ne pouvait le voir. Il y eut ainsi des moments, des heures, de longues nuits, où ce Maître du monde, ne sachant que faire, passait d'une résolution à une autre résolution, enjambant les écueils pour y être aussitôt ramené avec violence par les insultantes vagues, jusqu'à ce qu'épuisé de l'effort, il se laissât tomber avec cinq ou six cent mille hommes, en murmurant on ne sait quelles paroles pouvant équivaloir à ceci : « Que Dieu ait pitié de moi ! »

Cette épave de la majesté humaine presque infinie arriva enfin à Sainte-Hélène. A son débarquement dans cette île devenue par lui à jamais fameuse, l'amiral Cockburn lui fit tenir une invitation adressée au « général Bonaparte ». En la recevant des mains de Bertrand, Napoléon dit au grand-maréchal : « Il faut renvoyer cela au général Bonaparte ; la dernière fois que j'ai entendu parler de lui, c'était à la bataille des Pyramides ou à celle du Mont Thabor. » Lord Rosebery, véritable Anglais pourtant, signale comme une indigne et révoltante bouffonnerie ce refus obstiné du titre impérial au grand Captif.

Le même Cockburn répondit dans les termes que voici à une lettre où le comte Bertrand mentionnait le nom de l'Empereur : « Monsieur, j'ai l'honneur de vous accuser réception de votre lettre en date d'hier. Cette lettre m'oblige à vous déclarer officiellement que je n'ai point connaissance d'un empereur quelconque demeurant dans cette île, ni d'une personne revêtue de cette dignité ayant, comme vous me le dites, voyagé avec moi, sur le Northumberland. »

Cette ignoble et mesquine persécution anglaise dura plus longtemps que Napoléon lui-même. « Sur le cercueil de l'Empereur », dit Rosebery, « ses serviteurs voulaient écrire ce simple nom : Napoléon, avec le lieu et la date de sa naissance et de sa mort. Sir Hudson Lowe refusa son consentement, à moins que l'on n'ajoutât le nom de Bonaparte. Mais les serviteurs ne purent accepter une désignation que l'Empereur n'avait jamais voulu admettre. De sorte que le cercueil ne porta point de nom. Cela semble incroyable, mais cela est. »

Rien ne manqua au supplice de celui dont l'impardonnable crime avait été de dépasser infiniment toutes les têtes humaines et d'avoir accompli les plus grandes choses qui eussent été vues sur terre, depuis dix-neuf siècles. Rien, sinon les gémissements de la victime et peut-être aussi sa présence. Les bourreaux et les domestiques anglais avaient sans doute raison, plus qu'ils ne pensaient, de nier la présence de l'Empereur Napoléon. Ils ne tenaient qu'une pauvre apparence humaine déjà touchée par la mort. Napoléon était hors de leur portée, juste autant que son invisible Compagnon, et il conversait avec lui, très loin d'eux.

On a souvent parlé de ses continuels monologues, si souvent hachés d'objections qu'il se faisait à lui-même.

En réalité ses monologues étaient les dialogues d'un Absent avec un Invisible, et ce dernier était bien le camarade qu'il fallait, dans cette excessive misère, à un exilé qui ne pouvait plus obtenir seulement qu'on l'appelât par son nom.

On peut supposer qu'à l'heure dernière, un puissant Archange dut intervenir pour présenter au Père des miséricordes sa plus grande image, mais, au cours de son périple de gloire et d'infortune, il semble conforme aux lois de l'équilibre surnaturel que cet Empereur des siècles ait eu, pour protecteur et pour compagnon de tous les instants, le moindre des bienheureux Esprits Messagers que le Seigneur put trouver dans vastes cieux.

Bourg-la-Reine. Janvier-avril 1912

Table des matières